UNE HISTOIRE D'AMOUR ET D'AMITIE

SOUVENIRS D'ALGERIE

Gilbert Trichet

Toute ressemblance avec des personnes existantes ou ayant existé serait carrément fortuite.

Du même auteur sur Amazon :

L'ILLUSION D'UN REVE (Roman)

CONFIDENCES ET CONFESSIONS D'UNE FEMME (Roman)

MON MOIS DE MAI 68 (Roman)

« Mon mois de mai 68 » a été traduit en Anglais par Elizabeth Workman sous le titre : MY STORY OF MAY 68.

CRIME SANS CHATIMENT (Roman)

PRISONNIER (Roman)

LES ETRANGES CRIMES DU PLATEAU DE LA VIADENE (Roman)

LA DROLE DE VIE D'ANDRE RIGAL, DIT « DEDE » (Roman)

LA VIE CACHEE DE « Dédé » (Roman)

L'APPRENTISSAGE DE STEVE (Roman)

L'ALLEMAND QUI AURAIT VOULU ETRE FRANÇAIS (Roman)

COMMENT RESTER EN BONNE SANTE (Précis de médecine préventive)
COMMENT BIEN S'ALIMENTER (Précis de diététique)
(Précis de diététique)

POEMES ET CHANSONS Tome 1

POEMES ET CHANSONS Tome 2

POEMES ET CHANSONS Tome 3

Retrouvez les poèmes et chansons de l'auteur sur toute les plateformes musicales : YOU TUBE, AMAZON MUSIC, ITUNES, DEEZER, SPOTIFY, TIK TOK, etc. / Gilbert Trichet

A Jean Paul, Jean Pierre et Jean louis

A Yves, Niels et Georges,

A tous ceux qui, de gré ou de force, ont combattu en Algérie,

C'est ici un livre de bonne foi, lecteur.

Montaigne (Les Essais)

C'était une de ces époques où la raison humaine se trouve prise dans un cercle de flammes.

Marguerite Yourcenar dans « L'œuvre au noir. »

Article premier de la loi de1905 :

« La République assure la liberté de conscience… »

PREMIERE PARTIE

LE TEMPS DE L'INNOCENCE

1

Le jour de la rentrée scolaire, le quinze-septembre d'une année depuis bien longtemps révolue, la cour de récréation de l'Ecole Communale bruissait des conversations et des rires des garçons heureux de se retrouver. Même le soleil était au rendez-vous, et par ses doux rayons, incitait au bonheur et à la joie.

Quand il entendit le brouhaha de la cour de récréation, Niels grimpé sur le grand vélo hollandais de son père, freina prudemment et s'arrêta. Il s'approcha de la grille en poussant sa bicyclette et examina le fronton de l'école sur lequel il put lire : Ecole des garçons… République Française. Liberté, Egalité, Fraternité. Il sourit et pensa : « Voilà la plus belle proclamation que je connaisse, courte, simple, universelle et… comme elle est rassurante ! »

Il entra dans la cour le vélo à la main. A ce moment se produisit un phénomène exceptionnel. Les jeux se figèrent. Un silence s'installa sans qu'on puisse en expliquer les raisons. Etait-ce l'irruption de cette bicyclette dans la cour, chose formellement interdite ? Ou ce garçon, Niels, dans sa onzième année. C'est vrai qu'il avait une taille haute pour son âge, des traits réguliers, de grands yeux étonnés aux reflets bleus-émeraudes, sous une chevelure abondante, châtain-clair et légèrement bouclée… Pouvait-on dire qu'il était beau dans sa blouse grise réglementaire ? Assurément ! En tous cas, il était loin d'être moche…

Ou était-ce l'étrangeté de sa bicyclette ? Certes, elle était pittoresque, d'un autre âge, sûrement d'avant-guerre, vintage dirait-on aujourd'hui… Trop grande pour lui… Noire avec un guidon recourbé vers le haut aux chromes étincelants, ce qui donnait à son utilisateur un air majestueux quand il était grimpé dessus, le dos droit et la tête haute.

Tous les regards se tournèrent vers Niels et le dévisagèrent un court instant… Puis les jeux reprirent de plus belle.

Autre phénomène exceptionnel, Monsieur Queuille, instituteur qui d'habitude surveillait la cour de récréation appuyé au chambranle de la porte d'entrée, quitta son poste d'observation pour venir l'accueillir :

- Bonjour Niels ! As-tu fait bonne route ?

Niels le jaugea et pensa d'emblée : « Cet homme est brave ! Il m'aidera à progresser… »

- Oui ! Monsieur…

- Je vais te montrer où ranger ta bicyclette.

Les élèves éberlués virent leur maître prendre des mains de Niels son véhicule et le pousser vers un vaste préau fermé qui servait de garage pour l'automobile dernier cri – une Dina-Panhard ! – du couple d'instituteurs, et aussi, de bûcher pour le bois de chauffage.

Ils l'adossèrent contre le tas de bois et ressortirent.

Les neuf coups de l'horloge de l'église retentirent. Monsieur Queuille vérifia à sa montre l'exactitude du clocher et actionna la cloche du perron juste à l'instant où Madame Queuille toute reposée par ses longues vacances, sereine et le sourire aux lèvres, sortait de leur logement de fonction pour se rendre à petits pas tranquilles devant la porte de sa classe.

Les élèves se rassemblèrent deux par deux, devant leurs maîtres. Les petits étaient attribués à Madame tandis que Monsieur se réservait les grands. Ils attendirent que le silence s'impose dans les rangs et Monsieur Queuille dit :

- Bienvenue à tous pour cette nouvelle année. Je suis certain qu'elle vous sera profitable. Je tiens à préciser que les bicyclettes demeurent interdites dans l'école. Niels que voilà, (il le désigna avec un sourire sympathique) bénéficie d'une dérogation exceptionnelle parce qu'il habite à plus de trois kilomètres et qu'il ne pourrait pas faire cette distance à pied quatre fois par jour. Tout le monde peut comprendre…

Puis, il fit signe à sa classe d'entrer, suivie immédiatement par celle de sa collègue et conjointe.

La salle de classe était vaste. Elle était composée de quatre rangées de tables individuelles séparées par une large allée centrale dans laquelle trônaient le grand poêle de fonte et son long conduit. Celui-ci traversait la moitié de la salle pour atteindre la cheminée.

Le maître montait une estrade de trois marches pour rejoindre son bureau. Il dominait ainsi d'un seul regard l'ensemble de sa classe.

Il aida les nouveaux à trouver leurs places. Les petits, les myopes et les « durs d'oreilles » avaient un avantage pour être placés au premier ou au deuxième rang.

Niels fut placé au troisième rang juste derrière Georges. Celui-ci était un gringalet à l'aspect chétif, à la peau si pâle qu'on aurait pu le croire anémique ou rachitique. Blond aux cheveux raides, il était affublé de grosses lunettes de myope. Mais derrière ces verres, brillait un regard vif et pétillant, un esprit clair et clairvoyant que dénonçait un visage aux mimiques rusés et aux sourires ironiques.

D'emblée, ils furent sur la même longueur d'onde. Se sourirent-ils ? Même pas ! Mais, leurs regards se croisèrent, et, l'un et l'autre eurent l'impression qu'ils seraient longtemps amis, qu'ils allaient se serrer les coudes, se compléter, devenir solidaires et qu'ils écriraient ensemble de longues pages de leurs histoires…

2

Leur coopération s'engagea immédiatement. Après cette mise en place et la distribution de cahiers et porte-plumes neufs, dès la première heure, Monsieur Queuille eut envie de tester les connaissances en orthographe de ses élèves afin de comprendre leurs difficultés. Toute la classe, ceux du cours moyen comme ceux du cours du certificat d'étude eurent la même dictée, soit une dizaine de lignes d'un passage « du rouge et du noir. »

Niels profita du léger brouhaha qui suivit cette annonce, brouhaha provoqué par la recherche du cahier attribué à ce genre d'exercice pour murmurer à Georges :

- T'es fort en orthographe ?

- Oui ! J'me défends…

- Moi, j'ai des lacunes… Alors, si tu veux bien, tu t'écarteras pour me montrer ta copie. Essaie d'écrire gros que je vois, sans trop écarquiller les yeux.

La classe retrouva la dictée solennelle prononcée d'une voix grave et virile par le maître, avec la répétition des phrases, les liaisons, la relecture. Georges s'écarta de son cahier et Niels put s'inspirer largement de son texte. Les deux amis furent crédités d'un « Bien » et d'un « Assez Bien » en ayant fait pour l'un une faute et pour l'autre deux fautes.

- J'ai fait exprès d'ajouter une faute pour ne pas nous faire repérer dès le premier jour, commenta Niels en sortant dans la cour de récréation.

Niels proposa d'emblée de jouer au foot :

- Un tournoi de six ! Les grands contre les moyens...

Il y eut un murmure protestataire… Mais, Gérald un des plus grands et des plus forts intervint :

- Le foot a été interdit l'année dernière, car trop brutal.

- Nous sommes dans une nouvelle année ! Nous pouvons essayer… Si on s'engage à jouer sans aucune brutalité… Toujours cool… Surtout les costauds !

- Tu as raison ! Essayons toujours… acquiesça Gérald en entraînant ses camarades derrière lui.

Des écharpes ou des pulls figurèrent les poteaux des buts. Gérald choisit son équipe de grands et dans la foulée désigna les moyens dignes de les affronter. Les porteurs de lunettes étaient forcément exclus. C'est là que Niels intervint :

- J'exige que Georges soit mon ailier droit… Je jouerai au centre.

Georges qui se croyait déjà sur la touche, sourit de reconnaissance envers son nouvel ami et le remercia. Il pouvait participer à une partie de foot ! C'était bien la première fois !

Niels organisa son équipe selon sa sensibilité : Des lourds et plutôt des costauds à l'arrière ; un volontaire se proposa d'être goal… Des chétifs et des rapides à l'avant…

D'emblée, Niels occupa le terrain. Il avait son chic pour être placé au bon endroit, s'emparer du ballon et avancer. Puis, il disait discrètement :

- A l'avant ! En désignant de son bras droit le haut du terrain.

Georges, son ailier droit, se faufilait et bien vite recevait le ballon et selon sa position, revenait au centre pour tirer au but ou, bien plus souvent, s'enfermait dans un angle peu favorable, était obligé de centrer et Niels marquait !

Quand la cloche sonna la fin de la récréation, les grands avaient déjà encaissé deux buts…

- Bravo les petits ! Revanche cette après-midi déclara Gérald, le capitaine adverse, bon perdant, mais quand-même, un peu vexé.

A la reprise de la classe, Monsieur Queuille intervint :

- Je vous ai laissés jouer au foot car j'ai constaté que, cette année, vous jouez dans les règles c'est-à-dire sans brutalité. Je considère que ce jeu en équipe est éducatif car il vous apprend – primo - le respect de l'adversaire – deuxio - à gagner… et, surtout à perdre. Si ce jeu dégénérait avec des blessures même légères ou des disputes, il serait tout de suite interdit !

L'après-midi se joua la revanche. Niels rassembla son équipe et parla à mi-voix….

- Nous n'allons pas les écraser une nouvelle fois… Ils seraient vexés et ne voudraient plus jouer ou deviendraient vindicatifs et brutaux. Nous allons leur concéder un match nul honorable…

Les cinq coéquipiers approuvèrent tout heureux de cette connivence.

- Dans un premier temps, on joue à fond et on marque un but. Puis, on s'amollit… On les laisse égaliser !

- O.K ! Approuva l'équipe.

En effet, cinq minutes après, le premier but était marqué. Puis, il y eut une désorganisation complète, un manque d'enthousiasme de l'équipe des « moyens », et les grands égalisèrent facilement !

- La prochaine fois, on vous bat ! conclut Gérald.

- Peut-être, ajouta Niels… Les paris restent ouverts…

3

Début octobre, le cours matinal de « calcul » fut perturbé par l'arrivée du marchand de bois. Le maître interrompit sa classe et alla lui demander de déposer son chargement dans le coin, près du préau. Ils ouvrirent en grand la large grille. Le « trois tonnes cinq » recula et les stères de bois furent bennés à l'endroit désigné.

A la récréation, plusieurs « grands » proposèrent à Monsieur Queuille de faire une chaîne et de tasser le bois dans la remise.

- Très bonne idée, répondit celui-ci.

La chaîne s'organisa. Chaque garçon était distant d'un mètre et passait au suivant la bûche qu'il avait reçue. Le tas de bois régulier et bien rangé s'amoncela rapidement. Le maître surveillait de loin l'opération. Il était satisfait de la célérité et du soin qu'apportait chaque élève pour s'acquitter de son rôle quand, malencontreusement, une bûche échappa des mains d'un des participants pour venir s'écraser sur le feu arrière de la belle Dina-Panhard. Monsieur Queuille interrompit immédiatement le travail. Tout rouge et en colère, il dit :

- Si c'est pour casser et faire des dégâts, ce n'est pas la peine ! Arrêtez tout et rentrons en classe.

Les élèves regagnèrent leurs places sans aucun commentaire. La plupart baissaient la tête comme s'ils étaient coupables…

- Asseyez-vous ! Et d'abord qui a lâché cette bûche ? Comme par hasard, elle est atterrie sur le feu arrière de ma voiture. Qui est le responsable ? Se dénoncera-t-il ? Cet accident est-il volontaire ou pas ? C'est ce que j'aimerais savoir !

Un silence de mort régnait. Tout le monde regardait son voisin… Qui allait se désigner ? Même si l'un d'eux connaissait le maladroit, le code d'honneur refusait toute dénonciation…

Monsieur Queuille interrogea, parmi les grands, ceux qu'ils connaissaient des années précédentes comme les plus revêches, les plus retords, les plus indisciplinés, ceux qui auraient pu avoir un reste de contentieux avec lui. Un à un, ils se levèrent à côté de leurs bancs et répondirent clairement :

- Non, ce n'est pas moi !

- Qui est-ce ?

- Je ne sais pas !

C'était des « non » fermes et définitifs ! En désespoir de cause, le maître accusa le nouveau, celui qu'il avait décelé en l'observant comme l'organisateur, le meneur : Niels. A ses mots, il y eut parmi les grands un murmure approbateur et jaloux, comme s'il se fut agi vraiment du coupable !

Niels ne se laissa pas déstabiliser :

- Monsieur, si c'était moi, je vous le dirais.

On ne sait pourquoi - est-ce le murmure accusateur de la classe ? - le maître était persuadé de sa culpabilité. Niels se trouva comme cloué au poteau à bout d'arguments pour prouver son innocence… Son accusation durait… Georges se devait de voler au secours de son ami.

Il leva la main :

- Monsieur ? S'il vous plait ?

- Oui ! Je t'écoute.

- J'étais à côté de Niels… La main sur le cœur, je témoigne que ce n'est pas lui !

- En es-tu certain ?

- Je vous le certifie !

Le maître concéda :

- Nous n'allons pas passer la journée sur ce fait divers ! Tant pis ! Mais, je suis très en colère !

Niels regarda Georges avec l'air de lui dire : « Heureusement, que tu es intervenu ! J'étais acculé contre le mur dans mes derniers retranchements.

Il lui dit tout bas :

- Je ne te remercierai jamais assez…

Cet épisode scella leur amitié. Ils étaient désormais d'un loyalisme absolu l'un envers l'autre… Se concrétisera-t-elle jusque dans les pires épreuves de la vie ?

4

Les années passèrent et leur solidarité dans la vie comme dans leurs jeux se concrétisait de jour en jour.

Il y avait un domaine où ils furent tenus en échec : les courses de bicyclettes. Cependant, ils n'aimaient pas perdre.

Georges avait ressorti de la grange parentale un vieux vélo de femme, datant d'avant la guerre, parfait pour se promener dans la campagne mais complètement inadapté pour affronter les cycles modernes, légers, à changement de vitesses que possédaient des autres concurrents.

Niels s'alignait sur la ligne de départ avec son grand vélo hollandais. Autant les deux amis restaient dans la course sur le plat ou dans les descentes, autant dans les côtes, malgré leurs efforts et leur esprit d'équipe, ils étaient lâchés et terminaient lamentablement les derniers… Ces échecs répétés étaient contraires à leur mentalité de gagnant !

- Ecoute, nous ne pouvons pas toujours être les derniers… Et, mon père est bien trop radin pour me payer un vélo neuf…

- C'est exactement, la même chose chez moi… Comment faire ?

- On va se le payer avec notre argent !

- Tu veux dire que nous allons chercher du boulot ?

- Oui, nous allons le gagner à la sueur de notre front et nous ferons n'importe quel boulot… L'important est de rassembler une somme suffisante le plus tôt possible…

Georges insista :

- Oui ! Avant la fin des vacances…

Ils avaient maintenant quatorze ans. Dès le début des grandes vacances, en juillet, ils se mirent en chemin pour trouver du travail. Le premier « job » consistait à biner des betteraves. On leur concéda un hectare, payé à « la tâche » sur une durée limitée. Ils pouvaient commencer tard le matin et travailler jusqu'à la tombée de la nuit comme il leur convenait, à condition que ce travail fut achevé dans les dix jours.

Des périodes récréatives entrecoupaient les moments de dur labeur. En effet, ce travail était pénible, toujours courbé sous un soleil de plomb. Toutes les heures, ils s'accordaient dix minutes de repos pour souffler et se désaltérer à l'ombre d'un pommier situé au bord de la route. Ils s'allongeaient dans l'herbe haute et fraîche. Les discussions allaient bon train…

- Tu verras avec nos vélos neufs comme on va les semer nos blancs becs de concurrents !

- Comment tu le vois cet engin de rêve ?

- Je vois un vélo demi-course avec dérailleur et double plateau, c'est-à-dire huit ou dix vitesses.

- Bleu ! D'un joli bleu clair comme le ciel d'aujourd'hui…

Allongé sur le dos, ils observèrent un ciel si bleu que seulement quelques nuages blancs moutonnaient… Georges reprit :

- Avec des pneus fins ou des boyaux pour aller encore plus vite… et un guidon de course, ça va de soi…

L'après-midi était très pénible. Le soleil tapait sur leurs torses nus… Le repos à l'ombre du pommier se prolongeait pour devenir une sieste. Un après-midi de canicule alors qu'ils s'étaient désaltérés avec du cidre bouché fourni par le fermier, Niels, allongé à plat dans l'herbe, sa tête reposant sur son sac à dos, les yeux mi-clos, dit en paressant nonchalamment :

- Il t'arrive de penser à des filles ?

- Oui, quelquefois… Il y en a plusieurs que je trouve belles !

- Je vais te faire une confidence… Je te demande de garder ce secret, important pour moi… Tu sais comment sont les autres à toujours se moquer de tout et de rien !

Il parlait lentement en pesant bien ses mots…

- Tu peux avoir confiance !

- Je suis amoureux dingue d'une fille !

- Tu en es sûr ? Elle doit être belle ? Je la connais ?

- Oui ! Laurence ! Tu vois ?

- Non ! Quelle Laurence ?

- Elle a de longs cheveux bruns qui tombent largement sur ses épaules, des yeux noisette et un regard profond comme l'amour et qui me donne le vertige… Des jambes fines et des petits seins qui pointent sous son corsage ou sa robe. Si mignons que j'en rêve la nuit ! Je t'assure… J'en suis dingue !

- Oui ! Je vois ! Elle habite sur la place derrière l'église. C'est vrai qu'elle est belle… et hardie. On a fait notre communion ensemble. Elle a le même âge que nous…

- C'est ça ! Quand j'aurais un vélo moderne je pourrais essayer de la voir plus souvent et je serai moins ridicule qu'avec mon vélo hollandais… Et toi ? Tu en a une que tu regardes plus que les autres ?

- Moi, c'est une petite blonde, cheveux longs, regard bleuté… Comme la tienne petits seins qui pointent et jambes fines… Pour l'instant je ne sais pas si je peux essayer de l'approcher… Plus tard peut-être…

- Moi, Laurence, je veux l'avoir et je l'aurais un jour, dussè-je y passer ma vie !

- Tu crois ? C'est à ce point ?

- C'est comme pour le vélo… On souffre, on va souffrir encore pour l'avoir, mais on l'aura ! J'ai le goût de l'effort. Je sais que la récompense est au bout de l'effort… Laurence… C'est pareil… Je l'aurai… Et quel que soient les obstacles qui se dresseront sur ma route !

Un tel engagement laissait son compagnon muet d'admiration. D'un côté, il ne mettait pas en doute la volonté de son ami et son possible succès, d'un autre côté, il craignait que celui-ci s'engage dans une impasse dont il risquait de sortir mortifié et désabusé, à jamais guéri des femmes et de l'amour…

Tous leurs projets leur redonnaient de l'espoir et les stimulaient. Ils se remettaient au travail, la rage au cœur et ils binaient deux fois plus vite…

Leur amitié indéfectible, leur solidarité immuable les aidèrent dans cette épreuve et ils furent heureux de toucher un salaire qui leur parut être le premier pas vers l'achat de cette bicyclette tant rêvée…

Mais… ils se promirent aussi de ne plus jamais biner de betteraves. C'était trop épuisant !

5

Ils avaient gagné quelques jours de repos. Ils battaient la campagne sur leurs vieux « clous » découvrant les villages environnants, passaient par la piscine pour se rafraîchir. Elle était située dans un bourg proche, à une dizaine de kilomètres de chez eux. Ils s'impatientaient… Quelle suite donneront-ils à leur projet ? Quel « job » leur tendra-t-il les bras… C'était le premier sujet de leurs préoccupations.

Niels habitait dans un hameau situé à deux kilomètres du bourg. Un jour d'oisiveté, il emmena Georges découvrir son domicile. En arrivant, Georges vit une vaste maison de campagne sans étage avec de nombreux bâtiments situés tout autour d'une cour, une sorte de fermette…

Niels présenta son ami à sa mère :

- Voici mon copain Georges… C'est un chic type.

Celle-ci étendait des draps sur son fil à linge dans la cour. Elle posa ses épingles pour le dévisager et jugeant que son fils avait fait le bon choix, sourit en lui tendant la main…

- Bonjour ! Comme c'est bon les vacances ! N'est-ce pas ? Amusez-vous bien sans faire de bêtises, les garçons.

- Oui, madame.

Sa simplicité, dans son tablier de ménagère, son visage déjà ridé par le labeur, son regard plein de bonté, plurent à Georges.

Son ami lui fit visiter le potager, très vaste où la plupart des légumes étaient cultivés. Plusieurs rangées de tomates s'étendaient à côté d'un petit champ de pommes de terre, puis un carré de cornichons et de concombres, des haricots verts… et même des courgettes… Pas une herbe ne poussait entre les rangées…

- Bravo ! fit un Georges admiratif

- C'est le travail de tous les membres de la famille : Mon père, ma mère que tu viens de voir, moi-même et même mon frère aîné….

- Tu as un grand frère ? Tu ne m'en as jamais parlé…

- Il s'appelle Jean Pierre… Il est rentré de la guerre d'Algérie, ça fait trois mois environ… Depuis, on ne sait pas ce qu'il a : il ne dit rien ! Il reste silencieux, presque mutique… toujours dans ses pensées à ruminer. Il ne veut voir personne et s'en va se promener seul, quelquefois avec sa carabine pour tirer des faisans ou des pigeons même quand c'est interdit. Avant son service militaire, il était gai, toujours plein de projets… On ne le reconnait plus ! Quand mon père lui demande : « comment ça s'est passé là-bas ? » Il répond : « Je ne veux pas en parler parce que j'ai envie d'oublier ! Si je raconte quoi que ce soit… une terrible douleur me monte du fond de mes boyaux… Je préfère me taire et tourner la page de cet abominable période de ma vie ! »

- Que fait-il maintenant ?

- Il est tourneur dans une usine qui travaille pour l'automobile. Il est de l'équipe du soir… Il ne rentrera qu'après vingt-deux heures… D'ailleurs, je vais te montrer sa chambre… Il me l'interdit, mais je vais te la montrer quand-même !

- Tu crois ?

- Oui ! Ma mère ne dira rien à condition qu'on efface toute trace de notre incursion !

La chambre de Jean Pierre était indépendante, située à l'écart du bâtiment principal dans une annexe de la fermette. Il l'avait aménagée dans une ancienne grange. Elle était confortable et admirablement décorée, du moins aux yeux de Georges, par des posters des Platters, de Ray Charles, Duke Ellington et Elvis Presley. Il avait un électrophone et une magnifique collection de disques des artistes figurant sur les posters, mais aussi de Brassens, Brel, Ferré, de Boris Vian et de son célèbre déserteur, interdit de radiodiffusion par la censure…

Niels mit un trente-trois tours de Brassens sur la platine et pour la première fois Georges, étonné du style et du sujet, découvrit Georges Brassens et son fameux gorille… Allongés sur le lit du grand frère, ils goûtaient ensemble les différentes mélodies…

Quand ils en eurent assez, ils replacèrent les vinyls avec soin, tirèrent bien le couvre-lit pour effacer toute trace de leurs passages et décidèrent d'aller se promener dans la forêt proche…

6

Leurs congés se prolongeaient avec délice, mais… ils commençaient à s'inquiéter pour la suite à donner à leurs projets de bicyclettes toutes neuves.

Comme toujours, c'est Niels qui débloqua la situation…

Ce matin-là, sa mère lui avait donné la mission d'aller chercher le pain au village. Il fut doublé par une voiture aux belles dimensions, peut-être une « Beaulieu » étincelante de chromes et de couleurs chatoyantes sous le soleil. Elle s'arrêta devant une grande maison. Une dame en sortit, élégante dans sa robe d'été ; elle trottina sur des chaussures fines à talons demi-hauts pour ouvrir son portail.

- Les Parisiens arrivent pour les vacances, se dit Niels.

Il mit pied à terre pour admirer l'ensemble : La grande maison à l'architecture harmonieuse, la voiture toute neuve aux chromes étincelants, et la belle allure de la dame, alerte et vive… Quelque chose détonnait cependant dans ce tableau idyllique : La haie derrière la grille, la pelouse devant le perron avaient été laissées à l'abandon. Elles avaient poussé dans une totale anarchie.

Niels sourit le premier. La dame en voyant ce beau garçon la suivre des yeux avec une nuance d'admiration nichée au fond de ses pupilles, lui rendit son sourire. Les traits de son visage régulier exprimaient l'interrogation :

- Que me vaut cette marque d'intérêt, pensa-elle ?

Niels se disait : « La voilà, la solution à notre oisiveté ! » et avec sa hardiesse coutumière, il se jeta à l'eau avec le risque de se faire jeter comme un malpropre :

- Je vous propose de tailler votre haie, tondre votre pelouse et faire tous les petits travaux que vous me demanderez !

La dame examina Niels. Elle le toisait, l'évaluait. Il lui parut solide et lui donna confiance.

- Bien ! Oui, nous allons essayer de nous entendre. Attendez-moi un instant… Je rentre la voiture, j'ouvre la maison et je vous montre les lieux…

Au bout d'un quart d'heure d'attente, la dame revint chercher Niels. Elle lui montra le travail qu'il pouvait entreprendre s'il le désirait, les outils entreposés dans le bâtiment. Elle lui posa la question de la rémunération :

- Chaque soir, vous évaluerez notre travail et vous nous paierez en conséquence et en fonction de votre générosité.

- Pourquoi nous ?

- Parce que je vous demande d'accepter mon ami Georges, un gars sérieux, comme moi, qui fera avancer les travaux beaucoup plus vite et rendra cette tâche agréable pour nous deux.

- Bon ! Affaire conclue… Chaque soir, nous faisons le bilan du résultat et renouvelons le contrat pour le lendemain ou pas…

- O.K ! Nous commencerons cette après-midi…

- Pouvez-vous m'aider à monter mes valises ?

- Avec plaisir !

Niels prit une à une les valises dans le coffre de la voiture. Deux étaient petites et légères. Il les monta au premier étage dans la chambre des enfants. La dernière était grosse et très lourde. Il la déposa dans la chambre des parents au rez-de-chaussée… C'était un chaud matin d'été. Il transpirait… La dame s'en aperçut et lui offrit à boire.

- Asseyez-vous dans le salon ! Un peu de menthe avec de l'eau fraîche vous convient-il ?

- Très bien !

Niels s'assit dans le salon dans un fauteuil « directoire » et n'osa pas détailler ce qui, pour lui, était d'un luxe inouï…

La dame apporta un plateau avec les boissons…

- Quel est votre prénom déjà ? Ah oui ! Vous m'avez dit Niels et votre ami, c'est Georges… Je suis curieuse de voir le résultat de votre travail dès ce soir ! Moi, c'est Clémence… Mon mari arrive samedi soir avec la nurse et les enfants. Il est chirurgien et ne pouvait se libérer… J'ai pris de l'avance pour préparer la maison. Vous me paraissez très serviable et je vous remercie de m'aider à remettre en ordre cette maison. Il fait une chaleur épouvantable à Paris… On étouffe dans l'air lourd, les gaz d'échappement et le tintamarre de la ville. Ici, il y a de l'air et la maison est grande et aérée. On peut y créer un courant d'air bienfaisant ! Mon mari a besoin de se ressourcer pour mieux repartir au mois de septembre…

Niels finit sa menthe à l'eau et se leva.

- Bon, encore merci et à cette après-midi…

Il salua et partit sur sa bicyclette la tête haute, le cœur battant et rempli d'espoir. Cette dame, Clémence, l'avait beaucoup impressionné par sa beauté et quelque chose d'impalpable, de presque inavouable pour un « gamin » de son âge : son charme… Ou peut-être ce qu'il ne connaissait pas encore ou qu'il imaginait confusément : son sex-appeal !

7

Il passa chez son ami Georges. Celui-ci se réveillait à peine. Allongé dans son lit, il savourait, se délectait de « La curée » de Zola…

Niels salua sa mère qui lui dit :

- Il est encore au lit. Il doit lire… Monte le voir, si tu veux !

En un clin d'œil, Niels fit irruption dans la chambre de son ami :

- Alors, fainéant ! Pas encore levé…

- Oh ! Oui… Je profite du bon temps… On ne sait pas ce que l'avenir nous réserve avec cette guerre d'Algérie qui se prolonge… Tu ne trouves pas ?

- Laisse ça de côté ! D'ici qu'on soit appelés, elle sera finie depuis longtemps ! Ceux qui nous gouvernent ne sont pas si fous !

- Ma mère est inquiète parce qu'elle n'a pas reçu de lettre de mon frère depuis un mois… Il n'a plus que trois mois à faire et il sera libéré ! Ce serait dommage qu'il soit tué maintenant ou gravement blessé !

- Moi, je t'apporte une bonne nouvelle… Finies les vacances à fainéanter au lit jusqu'à midi, j'ai trouvé du boulot : entretien du jardin chez des parigots ! Si la paye est à la hauteur de mes espérances, on les tient nos vélos !

- C'est vrai ? Chouette ! Où ?

- Tu vois la grande maison sur la route nationale près de l'ancien château ? Je ne connais pas leur nom.

- Oui ! Je vois…

- Bon, tu m'attends devant leur grille à quatorze heures… La dame est charmante et sympa, tu verras… Elle nous paiera chaque soir en fonction du travail effectué… Il y a pas mal de boulot. Les mauvaises herbes ont envahi les allées du jardin. La propriété est vaste… et nous, le binage… ça nous connait ! On sait le faire… et en cadence !

A l'heure dite, ils se retrouvèrent devant la grille de la propriété. Ils entrèrent. Clémence prenait son café dans le salon. Elle examina le nouveau venu d'un air soupçonneux. Ses lunettes lui donnaient un côté intellectuel inadéquat pour de tels travaux. Mais, elle ne fit aucun commentaire et dit :

- Commencez par le devant ! Vous trouverez des outils dans le bâtiment qui est ouvert…

- Oui ! Ne vous dérangez pas ! On se débrouille !

Ils découvrirent les outils dans le bâtiment, cisailles et sécateurs, rouillés et usagés, et attaquèrent la haie avec enthousiasme.

- Alors ? Qu'en penses-tu ?

- Oui ! Bien… Mais je n'ai pas eu le temps de l'examiner pour porter un jugement définitif… Je réserve mon commentaire après la paye de ce soir !

Vers seize heures, Clémence vint les inviter à boire un rafraîchissement.

- Il fait chaud. Venez vous rafraîchir à l'ombre derrière la maison ! J'ai installé la table de jardin.

Ils s'assirent. Elle leur versa du jus d'orange bien frais et leur proposa une tranche de cake qu'ils ingurgitèrent de bon appétit.

- Ce soir, nous aurons remis à niveau le devant ou presque…

- Vous ne chômez pas ! C'est bien… Quand mon mari arrivera samedi soir, il va être surpris !

Ils arrêtèrent à dix-neuf heures… Ils avaient fait un effort surhumain pour finir le taillage de la haie et la tonte de la petite pelouse devant la maison… Clémence était contente et paya largement cette première demi-journée…

- Peut-on revenir demain matin à neuf heures ? demanda Niels.

- Oui ! A demain !

Et son large sourire les encouragea…

Ils reprirent leurs vélos…

- On arrose ça au café du commerce ?

Ils se retrouvèrent devant un diabolo-menthe…

- Sympa notre patronne ! Tu as vu comme elle est sexy dans sa jupe ? Et quand elle serre prudemment ses genoux pour ne pas nous montrer ses cuisses !

- Moi, ce que j'ai le plus apprécié, c'est sa générosité… Si on calcule bien, dans dix jours, on a notre bicyclette tant rêvée… Alors, pas de bêtise, on s'accroche…

- Je dis ça pour rire… Je sens que je vais en rêver la nuit… Elle me fait déjà bander… car je les ai vu ses belles cuisses quand elle a croisé les jambes…

- Ecoute ! Pour elle, nous ne sommes que des gamins… C'est une femme mariée avec mari et enfants…

- Oui ! Je sais ! C'est une femme interdite… impossible ! C'est peut-être ça qui m'excite ! Et puis, tu sais… j'ai surtout envie de rire !

8

Une autre pelouse s'étendait sur l'arrière de la maison. La tondeuse était mécanique. Elle fonctionnait, à l'ancienne, à la force des bras, « à l'huile de coude » disaient-ils. En se relayant, ils en eurent raison dès le deuxième jour.

Auparavant, Niels avait été convoqué dans la cuisine par la dame. Cette promiscuité l'émut beaucoup. Clémence ouvrait les différents placards pour établir une liste de course à acheter. Elle virevoltait à droite et à gauche frôlant Niels sans arrêt, montant sur un petit escabeau. Celui-ci, le cœur battant, la regardait ébahi comme hébété par ses longues jambes qui se continuaient par le début de belles cuisses tout aussi mystérieuses. Il ressortit tout pâle avec une liste à la main et un gros billet. Il s'approcha de son ami :

- Je vais à la Coop. Je serai vite revenu. Elle t'invite à un rafraichissement !

Georges s'épongea le front et alla s'asseoir à la table de jardin. Clémence arriva bientôt avec son pichet de jus d'orange dans lequel flottaient des glaçons.

- Ce n'est pas facile avec cette tondeuse ! Je demanderai à mon mari d'en acheter une à moteur !

Georges eut droit à un tête-à-tête souriant avec cette femme dont il remarqua pour la première fois le visage régulier, le regard lumineux et la longue chevelure… Il pensa : « Niels a raison ! Elle est charmante ! » Il but son orangeade à petites gorgées, remercia et retourna à sa tondeuse…

Puis, ils binèrent les allées du jardin. Rectilignes et bien soulignées par des petites bordures de buis, elles étaient envahies par des herbes hautes. Elles avaient poussé malgré l'épaisseur d'une couche de petits cailloux blancs. Après deux semaines d'acharnement à l'ouvrage, les allées étaient propres et les haies de buis taillées au cordeau à la hauteur prescrite.

Chaque soir, avant de se quitter, ils allaient se rafraîchir sur la place au Café du commerce. C'était l'occasion de rencontrer les autres et de faire le bilan de la journée.

- J'ai atteint la somme fatidique. Nous la dépasserons bientôt… Et toi ?

- Moi, il me manque un peu ! Demain soir… C'est bon…

- Nous avons presque fini… On va pouvoir profiter de notre achat !

Niels réfléchissait :

- Tu as vu la jolie poitrine de notre boss ? Deux petits seins bien ronds qui pointent complaisamment sous le tee-shirt !

Georges sourit. Quelle énormité allait-il encore lui sortir ?

- Je t'écoute…

- Eh bien ! C'est du toc !

- Non ?

- Si ! Quand j'étais près d'elle dans la cuisine, elle me frôlait et une fois, elle fut un peu déséquilibrée et elle se rattrapa en s'appuyant contre moi… et j'ai senti son soutien-gorge, là… tout contre ma poitrine… Quel bonheur à nul autre pareil ! Et je t'assure, il est à armature métallique ! C'est sûr… elle met des amplis…. Pour être plus excitante… J'en suis vert !

- Tu ne penses plus à ton projet avec Laurence, la femme de ta vie ?

- Bien sûr que oui ! Ce n'est pas pareil… Laurence… c'est mon grand amour… Oui, en effet, pour la vie… Pour toute la vie ! Clémence, c'est un fantasme passager pour agrémenter notre été de labeur…

Le grand soir arriva. Le jardin était beau. Ils remercièrent encore une fois leur patronne et coururent chez le marchand de bicyclettes. Les deux vélos demi-courses tant rêvés étaient à leur disposition. Georges choisit le bleu-clair, Niels le bleu-foncé. Le marchand régla la hauteur de la selle, donna un dernier coup de pompe aux boyaux et nos deux amis, triomphants, firent le tour du village. Leurs copains en les voyant, se joignirent à eux et déjà, ils essayèrent des pointes de vitesse notamment sur la route nationale toute droite qui traversait le village comme les Champs Elysées traversent Paris…

Le rendez-vous fut pris pour s'affronter dans une grande course, le lendemain à seize heures quand le chaud soleil de l'été commencera à décliner. On fera battre le tambour aux alentours pour qu'il y ait le plus de participants possibles…

9

Le soir très tard, une jeep de l'armée s'arrêta devant la porte de la maison de Georges. Ses parents furent tout de suite en alerte maximum. Ils se précipitèrent à la fenêtre :

- Une voiture de l'armée, dit le père…

L'obscurité prolongeait un suspense angoissant. Ils virent une silhouette voutée et amaigrie descendre de la jeep, la contourner…

- Merci… Et vive la quille ! dit une voix virile et joyeuse qu'ils reconnurent instantanément comme la voix de leur fils…

- C'est Jean Paul… C'est lui… Il est là !

Ils se précipitèrent dehors pour le serrer tour à tour dans leurs bras…

- C'est une bonne nouvelle ! On t'attendait seulement que dans deux mois !

- Oui, j'ai été libéré sanitaire aujourd'hui même… J'avais été rapatrié à l'hôpital des armées du Val de Grâce, il y a déjà un mois…

- Pourquoi ? Tu as été blessé ?

- Non ! Des crises de palu… Je me réveille la nuit… J'ai très froid et je claque des dents ! Quelquefois, je crie… comme un somnambule, je peux me lever et dire n'importe quoi… Je vois des fellagas partout… Puis je me réveille angoissé. Quelques minutes se passent et c'est fini. Si ça m'arrive cette nuit… N'ayez pas peur… Ce n'est qu'une crise passagère…

- Bon ! Entre ! Qu'est-ce que tu bois ?

- Si tu as une bière bien fraîche…

Le père sortit deux bières du frigo. Trois paires d'yeux dévisageaient le « libéré sanitaire ». Ils ne le reconnaissaient pas : Amaigri, les traits du visage creusés, vieillis, brunis par le soleil…

Sa mère retenait ses pleurs :

- Qu'ont-ils fait de toi, mon fils ? Tu es parti en bonne santé… Tu n'es plus que le fantôme de toi-même… Et maigre, la peau et les os !

Elle alla le serrer une nouvelle fois dans ses bras. Son visage se tordait… Elle ne voulait pas éclater en sanglots devant lui…. Jean Paul tenta de la rassurer :

- Je suis libéré… Dans six mois, ta bonne cuisine m'aura requinqué et je n'y penserai plus… m'ont affirmé les médecins militaires.

Le regard noir de son frère exprimait la joie de retrouver les siens, mais, dans la profondeur de ses pupilles, Georges décela comme une terrible angoisse, une peine immense, peut-être une envie d'en finir… Ce n'était plus le joyeux drille qu'il avait connu ! C'était un homme marqué à vie, qui en avait bavé…

- Georges, il est tard … Va te coucher ! dit sa mère.

Il obtempéra, mais laissa la porte entrouverte pour entendre la conversation… Jean Paul reprit :

- C'est terrible… Ce qui se passe là-bas… C'est dégueulasse ! L'armée française mène une guerre indigne, avec des méthodes d'une autre époque… Mais, je ne veux pas en parler ce soir… Nous aurons bien le temps d'en reparler…

- Tu as faim ? Je te réchauffe un reste de veau marengo avec ses pommes de terre…

- Oh ! Oui ! De la bonne cuisine de la maison… Voilà ce qu'il me faut… Les rations de l'armée m'ont mis l'estomac à l'envers….

Les deux frères dormaient dans la même chambre. C'était une très grande pièce. Le lit de Jean Paul était au fond, côté jardin, celui de Georges à gauche de l'entrée côté rue. Quatre ou cinq mètres les séparaient. Bien que prévenu et malgré cette distance, Georges craignait un peu les réveils somnambuliques de son frère.

La première nuit se passa bien… Ils se réveillèrent presque ensemble le lendemain matin vers dix heures.

Jean Paul parla le premier :

- J'ai très bien dormi… Il y avait bien longtemps que j'avais dormi dans un si bon lit… J'ai fait mes terribles cauchemars habituels, mais voilà ! Il faut que j'oublie et que je renaisse à la vie normale…

Georges approuva. Il lui raconta son amitié avec Niels et le couronnement de leurs efforts communs : L'achat d'un sublime vélo demi-course !

- Cette après-midi, nous défions tous les gamins du village dans une course de vingt kilomètres. On descend par B… environ quatre kilomètres, suivent six kilomètres de plat et on remonte par la côte de C… Cinq kilomètres de montée. Avec Niels – tu ne le connais pas encore ; c'est mon ami et un grand organisateur - nous avons arrêté notre tactique… Nous restons à l'arrière du peloton pendant toute la descente et le plat et nous attaquons au milieu de la montée… Tu vas voir… Nous allons les pulvériser tous les petits crâneurs avec leurs vélos à huit vitesses !

Jean Paul était heureux de retrouver son jeune frère avec son enthousiasme et ses jeux innocents. Il avait grandi… A quinze ans, il avait déjà une bonne musculature et surtout il lui communiquait sa joie de vivre, son bonheur des plaisirs futiles dans la paix du cœur et de l'esprit… Tout l'envers de ce qu'il avait vécu pendant vingt-quatre longs mois de vexations impensables et d'atrocités indicibles… Il pensait : « Pourvu que la guerre soit finie avant son service militaire à l'âge de vingt ans ! Au train où vont les choses et les contradictions des gens qui gouvernent, je n'en suis pas certain… » Il dit :

- Si vous voulez, j'irai donner le départ et je serais sur la ligne d'arrivée pour départager les sprinters, s'il y a un sprint !

Georges approuva :

- Tu seras l'arbitre de la compétition…

Le matin, Jean Paul fit le tour du village. Tout le monde le saluait, le congratulait, était content de le revoir, lui serrait la main. Mais, c'était comme s'il rentrait d'avoir fait un banal service militaire. Les gens ignoraient tout ce qu'il se passait en Algérie ou ne voulait pas le savoir… Les contacts restaient superficiels. Il avait envie de leur crier : « C'est la guerre en Algérie ! On vous trompe en vous disant que ce n'est que du « maintien de l'ordre ! » On tue ; on torture des deux côtés… Je suis content d'en être revenue… Presque sain et sauf… Mais, marqué à vie, dans mes tripes et dans mon cœur… Vous ne savez pas tout ce qu'endurent vos enfants que vous laissez partir et abusivement maltraiter là-bas ! »

Pourtant, ce discours qu'il aurait aimé crier à la face du monde, restait comme une boule figée au creux de son estomac, douloureux comme un ulcère !

Il acheta le journal local. Oh ! Il savait à l'avance ce qu'il allait lire… Il voulait s'en assurer ! Ne sait-on jamais ? Le miracle de la vérité peut-il exister dans un contexte martial ? La censure institutionnelle peut-elle laisser passer quelques atomes de vérité ?

Il alla s'asseoir à la terrasse du café du commerce et lut une suite d'atrocités, d'attentats, de crimes provoqués par le F.N.L qui justifiaient amplement les « opérations de maintien de l'ordre » de l'armée française du moins selon l'opinion du canard local…

Il haussa les épaules et pensa : « L'art de tromper les gens… Pour justifier la guerre et ses ratonnades, les déplacements de population qu'on maintient dans des camps pour soi-disant les protéger du FNL, les prisonniers qu'on torture à mort et qu'on fusille le lendemain… toutes les atrocités auxquelles se livre l'armée qui font que j'ai honte de mon pays !

10

A l'heure prévue, le ban et l'arrière-ban des gamins du village – une bonne vingtaine - s'alignèrent sur la ligne de départ. Il y avait bien sûr la fine fleur des cracs, les habituels gagnants… Mais, même des petits de dix à douze ans étaient venus s'aligner sur la ligne de départ avec leurs petits vélos pour participer et ressentir l'enthousiasme du défi.

Jean Paul était là en observateur content de voir que la vie au village continuait dans la gaîté et l'enthousiasme de la jeunesse. Les « cracs » étaient en première ligne, fiers de remettre leurs titres en jeu, persuadés qu'ils confirmeraient leur supériorité.

Niels et Georges se tenaient derrière, un large sourire aux lèvres, riant et plaisantant au milieu des petits. C'était le jour tant attendu de leur revanche où une inversion des classements et des notoriétés se confirmeraient en leur faveur…

Jean Paul donna le départ :

- Allez ! C'est parti… Que le meilleur gagne !

Les champions se précipitèrent dans la descente. Georges et Niels les laissèrent filer. Ils restèrent en queue de peloton. Georges regardait son ami, inquiet…

- Tu as vu l'avance qu'ils prennent…

- Laisse-les caracoler en tête ! Ils gaspillent leurs forces… Ils sont obligés de freiner avant les virages… Les graviers rendent la descente dangereuse. Ils aborderont la côte complètement à bout de souffle et c'est seulement à cet instant que nous démarrerons !

Ils passèrent le village de B… et sur le plat, le peloton se ressaisit. L'allure s'accéléra. Niels et Georges à l'arrière calmaient leur impatience… Aux premiers contreforts, le peloton était rassemblé. Il ralentit son allure. Les champions à bout de souffle, inondés de sueur tentaient de reprendre haleine.

Niels murmura à son compagnon :

- C'est maintenant ! On y va… progressivement.

Il se porta à l'avant. Georges était dans sa roue. La montée s'accentua. C'est précisément à cet endroit que Niels s'arc-bouta dans ses cale-pieds et accéléra. Le peloton s'étira. Déjà quelques concurrents lâchèrent prise.

Georges était dans sa roue. Il respirait et se sentait bien.

- Va-s'y ! Attaque… Je suis prêt, murmura Niels !

Georges se mit debout sur les pédales, Niels dans sa roue. Ils se détachèrent du peloton et celui-ci comme découragé, concéda en quelques instants cent mètres, puis deux cents mètres de retard.

- C'est bon… On les a lâchés… Tu peux ralentir pour tenir jusqu'en haut ! On la tient notre victoire !

Ils laissèrent les quelques poursuivants se rapprocher, mais gardèrent une confortable avance. Ils se relayaient chacun leur tour pour fendre l'air et lutter contre une petite brise d'été qui s'était levée sur le plateau dans les deux derniers kilomètres.

C'est ensemble, en se mettant côte à côte et en lâchant le guidon, la main sur l'épaule de son alter ego, le bras libre levé au ciel en signe de victoire, qu'ils franchirent la ligne d'arrivée…

Jean Paul fut heureux de proclamer Niels et Georges vainqueurs, tous les deux premiers à égalité, car il était impossible de les départager…

Les anciens champions vinrent les féliciter. Ils avouaient qu'ils avaient été trop présomptueux de leur force et étaient partis trop vite. C'est pourquoi ils demandaient aux vainqueurs la possibilité d'une revanche ! Ce qu'ils acceptèrent bien volontiers…

Jean Paul demanda le silence :

- Je vous invite à boire un verre au café du commerce…

Tous se réjouirent de cette invitation, sauf les petits et quelques-uns qui préférèrent rentrer chez eux pour respecter les consignes de leurs parents.

Tous commandèrent des rafraîchissements sans alcool tandis que le « démobilisé » demanda une bière…

- Il n'y a que ça qui nous rafraîchissait bien en Algérie… Nous en avons bu des caisses et des caisses… Incroyable ! Tu devrais essayer ? dit-il à son frère.

- Permets-tu que j'y goutte ?

Il fit un signe affirmatif de la tête. Georges trempa ses lèvres dans le demi et fit :

- Brrr ! C'est dégueulasse… C'est tellement amer ! Comment peux-tu boire une telle mixture ?

- Bah ! On s'habitue vite… Tu verras ! Enfin, j'espère que non… Que vous ne connaîtrez jamais les oueds et les djebels, les ratissages et les embuscades ! Au train où vont les choses, je crains le pire. Nous sommes gouvernés par des aveugles qui ne voient pas qu'il est normal que l'Algérie accède à son indépendance comme le Maroc et la Tunisie, et que par conséquent, quel que soit les moyens employés, cette guerre est perdue d'avance… comme celle d'Indochine. En cinquante-six, les Français avaient élu Guy Mollet pour qu'il négocie la paix… C'est lui qui a envoyé le contingent… Même les communistes qui sont pour l'indépendance, lui ont voté les pleins pouvoirs…. Non ! « La méditerranée ne traverse pas la France comme la Seine traverse Paris. » Il est normal que l'Algérie accède à l'indépendance…

Il se tue… Les traits de son visage s'étaient creusés d'émotion et de colère… Il finit sa bière, régla les consommations et dit :

- Excusez-moi… J'enrage... La rage est dans mon cœur… A cause de cette impuissance de ne pouvoir ramener les gens et le gouvernement à la raison… Bon ! Je ne veux pas vous embêter plus longtemps !

Et, il partit !

Saisie par cette attitude contre nature, l'assemblée le regarda s'éloigner. Leurs regards demandaient à son frère une explication. Celui-ci crut bon de leur dire :

- Il a été libéré sanitaire hier… Il nous a paru très traumatisé par ce qu'il a vu et ce qu'il a subi là-bas… Il faut espérer qu'il s'en remettra très vite… Déjà, il est venu avec nous… Il a eu le désir de s'ouvrir aux autres et de ne pas se renfermer sur lui-même… C'est déjà ça et le signe qu'il est sur la bonne voie…

11

Les chemins de Niels et de Georges se séparèrent à la rentrée de septembre. Niels devint apprenti électricien chez un patron dans un bourg proche tandis que Georges entra au lycée de la ville en classe de troisième.

Mais, ce n'était que pour mieux se retrouver le samedi et le dimanche. Leur amitié n'en était que plus forte et plus loyale. Niels plus beau et plus fort exigeaient toujours que son ami Georges figurât à son côté que ce soit dans leurs jeux ou dans leurs épopées qui s'étendaient désormais jusque dans les villes avoisinantes. Les filles demeuraient leurs problèmes majeurs, leur mystère insoluble et d'autant plus excitant… Comment les approcher, communiquer, entrer en contact ? Dès que le moindre lien était tissé, elles se dérobaient, trouvaient une échappatoire… Il n'était pas dans leur nature de se décourager !

Niels était toujours amoureux de Laurence. Il la trouvait de plus en plus jolie. Elle avait été embauchée dans les bureaux de l'usine Païre pour assister la secrétaire vieillissante aux multiples fonctions de comptable, assistante de direction et même standardiste.

Cette usine fabriquait des pièces détachées pour l'industrie automobile. Son importance, son nombre d'ouvriers variaient au gré des commandes, des crises et des périodes de prospérité. Il pouvait y travailler deux cent cinquante ouvriers pendant une période bénie des Dieux, puis ce chiffre chutait jusque cent ou même cinquante pendant une crise heureusement passagère…

Laurence qui en plus d'être belle, avait l'esprit bien tourné, vif et d'une logique sans faille, prit très vite de l'importance dans la gestion de l'usine. Elle était la voix qu'écoutait son patron, Monsieur Païre…

Sa féminité s'affirmait de jour en jour. Elle était maintenant vêtue d'un tailleur, d'un corsage blanc qui s'emplissait au fur et à mesure des années ; des bas nylons et des chaussures à talons finissaient de lui donner une allure parfaite de jolie secrétaire à l'amabilité souriante et commerciale. Elle en jouait aussi bien dans ses relations avec son patron qu'avec les clients et les fournisseurs de l'usine ou les membres du personnel…

Niels, au début, eut un succès encourageant auprès d'elle. Il s'arrangeait pour être souvent dans les parages quand elle sortait du bureau, le soir. Il la raccompagnait en bavardant. Laurence se sentait honorée par la présence de ce beau garçon. Elle l'écoutait le sourire en coin, ne l'encourageait pas et répondait évasivement à ses demandes de rendez-vous…

Mais cette « relation » finit par importuner la belle.

- Niels, je suis consciente de ta cour assidue… Elle ne te mènera à rien… Réfléchis un peu ! Tu n'es qu'un apprenti électricien et tu seras bientôt appelé sous les drapeaux. Si après vingt-sept mois passés en Algérie, tu reviens entier de cette guerre, pas trop déglingué ou alcoolique, et si je suis encore disponible… Là, tu verras… mais d'ici là, de l'eau aura coulé sous les ponts de Paris et tu auras changé d'avis !

- Non ! Je ne changerai jamais d'avis ! Je te veux pour toute la vie… Dès que je t'ai vue, j'ai su que c'était toi qui m'étais destinée !

- Comment peux-tu dire de telles énormités ? De toute façon, arrête d'être toujours à mes trousses ! J'en ai assez ! Laisse-moi tranquille !

Niels était tellement déçu qu'il n'en parla à personne, même pas à son ami, Georges… Celui-ci savait cependant qu'il perdait son temps. Des ragots bruissaient dans l'usine et le village d'une possible liaison du patron avec sa jeune et jolie secrétaire… Certains contremaîtres l'appelaient « Madame la patronne » en riant derrière son dos…

Bon, ce n'était que des ragots, mais il devenait évident que son ami était hors-jeu !

Niels ne s'avouait jamais vaincu. Seulement de temps en temps, il se rendait à la sortie des bureaux de l'usine pour voir de loin et sans l'aborder, ni l'importuner, l'objet de son désir. Un soir, il vit la rutilante automobile de M. Païre, une Cadillac décapotable, sortir du grand portail de l'usine avec à son bord une Laurence fière d'être raccompagnée chez elle par l'un des personnages les plus en vue du village…

Niels en eut les larmes aux yeux…

12

L'année d'après, il y eut le bal mémorable du Quatorze-juillet.

Jean Paul se remettait peu à peu de ses stress post-traumatiques à répétition. Après avoir été embauché comme mécanicien dans un garage à Paris, il avait réussi le concours de la R.A.T.P et était désormais diéséliste au garage Championnet.

Niels avait réussi son CAP et était embauché comme ouvrier électricien chez le même patron en attendant le service militaire. Quant à Georges, il avait réussi son bac. Il envisageait d'entrer dans l'Education Nationale.

Jean Paul avait profité de son congé pour venir rendre visite à ses parents. Niels, Georges et Jean Paul se retrouvèrent au bar pendant la retraite aux flambeaux en attendant le début du bal. Les conversations allaient bon train. Leurs préoccupations premières n'étaient plus les filles : C'était la guerre. Jean Paul les sentait préoccupés… C'est pourquoi, il leur parla ainsi :

- L'aveuglement de la classe dirigeante est telle que cette guerre continue. La France a beau susciter l'indignation de l'ensemble des nations du monde, elle continue ses exactions en Algérie : La Tunisie et le Maroc ainsi que l'Egypte et l'U.R.S.S. aident le FNL en lui fournissant des armes, l'appui logistique et diplomatique… Les autres pays adressent des protestations de plus en plus virulentes… même nos alliés de toujours, les Etats Unis et le Royaume Uni… Cependant, la guerre continue… Vous allez être bientôt concernés d'autant que pour disposer d'un effectif supérieur, l'âge de la conscription a été abaissé de vingt ans à dix-neuf ! Par ce tour de passe-passe, l'armée dispose provisoirement de deux classes d'âge au lieu d'une. Donc vous allez partir… Quand ?

- Dans six mois, répondirent-ils…

- C'est demain ! Laissez-moi vous donner quelques conseils… Même si vous êtes pour l'indépendance de l'Algérie, même si vous considérez que le F.L.N. a raison de vouloir libérer son pays d'une domination étrangère… comme les résistants l'ont fait pour libérer la France de l'occupation nazie, n'affichez jamais vos opinions… Ne dites jamais que le parti communiste est dans le vrai de vouloir une paix immédiate et sans condition ! Pourquoi ? Parce qu'on vous enverra en première ligne tâter du fellaga… Et là, même si vous n'en avez pas envie, vous serez obligés de vous battre. J'ai eu un bon copain, encarté aux jeunesses communistes… Il essayait de parler aux gars dans la chambrée… de leur faire prendre conscience de l'inanité de cette guerre… de leur dire comme cette guerre est injuste et perdue d'avance ! Que la France se comporte en Algérie comme le troisième Reich pendant l'occupation. Il a fini par être repéré par le deuxième bureau… Il a été mis dans un commando chargé d'encercler une centaine de « fellouzes » retranchés dans des grottes dans les Aurès… Ils l'ont mis exprès au casse-pipe… Je veux dire qu'ils l'ont envoyé en première ligne ! Son nom est désormais gravé en lettres d'or dans la pierre du monument aux morts de son village. Donc, faites-vous oublier… Attendez la quille sans broncher… C'est le mieux… Gardez votre liberté de penser sans l'exprimer ! Fermer sa gueule et être servile, voilà ce qu'on demande à un trouffion ! Vous vous vengerez plus tard, par des moyens appropriés : les urnes, les manifestations ou les grèves ! A ce propos, on envoie des gosses à dix-neuf ans se faire tuer – ils en ont l'obligation - et, ils n'ont même pas le droit d'exprimer leur opinion en votant ! Y'a un hiatus… C'est une honte qui montre bien l'état d'esprit de ces nantis qui nous gouvernent !

- Et, si nous refusions de porter les armes !

- Tout est prévu : Le falot, c'est-à-dire le tribunal militaire qui vous condamnera à deux ans de prison en forteresse, suivi quand-même de vingt-sept mois de service militaire…

Niels et Georges étaient tout pâles… Jusqu'à maintenant ils avaient vécu dans l'innocence de leur jeunesse, heureux de vivre avec leurs projets d'avenir, de jeux, d'amour ; ils avaient rêvé de conquérir des femmes… Cette France en qui on leur avait donné confiance en l'appelant abusivement « la République avec sa belle devise, Liberté, Egalité, Fraternité, » allait les obliger à combattre des gens qui luttaient pour la liberté de leur pays… Tous les résistants morts pour libérer la France, devaient se retourner dans leurs tombes ! Vichy et l'idéologie collaborationniste seraient-ils revenus ? La Wehrmacht et Himmler auraient-ils fabriqué des émules à qui mieux-mieux pendant les années d'occupation… dans l'armée, la police, voire l'administration française ?

Nous étions la veille du Quatorze-juillet et dans toute la France, on fêtait la prise de la Bastille et l'avènement de la Liberté d'une République Française à deux visages… Ce soir-là, on n'avait retenu que le positif ! L'heure était à la joie et aux flonflons de la fête…

La fanfare apparut au bout de la rue. Derrière, les enfants suivaient avec leurs lampions et leurs jeunes mères parées de leurs plus belles robes… Des garnements faisaient éclater des pétards. Des jeunes hommes allumaient ici et là des feux de Bengale de toutes les couleurs. Arrivée sur la place, la fanfare joua le dernier air… Quand ils cessèrent, des applaudissements enthousiastes fusèrent. On entendit des hourras… et les musiciens se dispersèrent…

La foule attendait sur la place du village. Dans la foulée, le bal musette commença… Comme chaque année, on dansait sur le gravier et la route bien plus que des tangos ou des valses…

Dans l'obscurité Laurence apparut entourée de sa mère et de sa sœur. La mère suscitait bien des regards. Elle était dans la plénitude de l'âge et sa beauté avait pris l'air respectable presque tragique des femmes sur le retour tandis que ses deux filles étalaient leurs charmes à l'envi…

Niels ne se tenait plus. Dès les premières mesures d'un slow langoureux, il se lança vers Laurence en lui tendant les bras…

C'est alors que la belle imagina la plus terrible fourberie : Refusant Niels d'une négation de la tête, d'un pas de côté, elle se précipita dans les bras de Georges - faut-il le répéter ? - le grand ami de Niels !

Sans la moindre honte, dans une félonie calculée, elle se lova contre son corps, le serrant très fort pour éviter toute protestation ou mouvement de recul…

- Laisse-toi faire… J'ai envie de te sentir… lui dit-elle à l'oreille d'une voix tendre…

Georges, surpris, ne savait que faire… Il choisit de se laisser guider. Aurait-il dû se libérer de cette étreinte si douce ? S'éloigner de ce parfum envoûtant ? Fuir ces yeux si langoureux, aux reflets noisette qui l'hypnotisaient ? Laurence en rajoutait, jouant scandaleusement les grandes amoureuses, agitant dans une volupté calculée le feston et l'ourlet de sa robe d'été au-dessus de ses jambes fines gainées de bas nylon… sous le pesant regard de Niels !

Vers la fin de la danse, Georges reprenant ses esprits, réagit :

- Pourquoi tout ce cinéma ? Tu exagères… C'est Niels ton amoureux… Tu sais… C'est à moi qu'il va en vouloir !

Alors la belle livra l'explication de sa perfide manœuvre :

- C'est pour le décourager… J'en ai marre qu'il me piste… J'en ai marre de ses déclarations itératives… Peut-être qu'après il aura compris et que je serai libérée de son harcèlement !

Le slow à la fois le plus merveilleux et le plus pervers cessa… Laurence remercia son cavalier dans un grand sourire convenu que Georges lui rendit dans un rictus grimaçant qui signifiait : « Tu m'as bien eu ! »

C'est alors qu'il affronta le regard de Niels ! Il y vit la déconvenue comme s'il l'avait trahi… Sa déception était telle qu'elle s'accompagnait d'une lueur de haine… Niels maîtrisait difficilement sa colère :

- Viens par ici… Tu me dois une explication !

Ils s'éloignèrent de la foule et des flonflons de la fête. C'est dans l'obscurité, tout près du parvis de l'église que Niels lâcha :

- Tu n'es qu'un traître !

- Non ! Je t'assure… Je vais t'expliquer…

- Il n'y a rien à expliquer : Je t'ai vu flirter avec l'amour de ma vie. Tu n'as pas respecté ce qui est à moi, rien qu'à moi. Désormais, tu n'es plus mon ami… Je ne veux plus te voir… Je ne peux plus être l'ami d'un traitre !

- Ecoute-moi au moins ! Je t'assure que…

- Je n'ai pas besoin d'explications bidon ! Adieu !

Il partit avec des larmes dans les yeux. Georges, douché, les bras ballants, s'assit sur les marches de l'église. Il avait l'impression d'être dépossédé, vidé. Pour un malheureux slow dansé avec le diable en personne sous l'aspect d'une aguichante femelle, il avait perdu son seul vrai ami… Sans lui, sans sa vitalité, ses projets, son goût de l'effort et même sa folie, les prochains jours seront ternes… Pourra-t-il se promener tout seul sur sa bicyclette ? Osera-t-il jouer au foot avec les autres jeunes gens du village… sans la complicité de Niels ? Il n'écoutera plus les disques de musique moderne sur l'électrophone de Jean Pierre, le frère aîné de Niels…

Il avait l'impression qu'il ne pouvait pas vivre sans cette profonde amitié…

Il resta prostré un long moment… Puis, il reprit courage :

- Ce n'est qu'une crise passagère… Il reviendra quand il aura compris qu'il est dans une impasse avec sa Laurence… Que je ne suis pas responsable de son insuccès auprès d'elle… Qu'il y a bien d'autres raisons incompréhensibles à son entendement et peut-être une liaison inavouable avec son patron… Niels est tellement amoureux qu'il est aveugle… S'il me manque à ce point, sans doute, je lui manquerais aussi ! Et puis, j'en ai bien d'autres des copains… Cette amitié presque exclusive avec Niels, m'empêchait de me lier plus avant avec d'autres ! C'est dommage, mais avec le temps, je saurai me passer de lui !

13

Les quelques mois avant leurs départs à l'armée passèrent vite. Georges était « maître d'internat » dans le lycée où il avait été élève, Niels était ouvrier électricien chez le patron qui l'avait formé. Il suivait en plus des cours du soir pour obtenir son brevet professionnel.

Par une sorte d'ironie du sort, ils reçurent, l'un et l'autre, leurs feuilles de route le lendemain de Noël. Ils devaient se rendre dans une caserne de Valencienne le trois-janvier à huit heures du matin…

Jean Paul avait tenu à accompagner son jeune frère. Il avait acheté récemment une Dina-Panhard d'occasion qui toussait beaucoup par les petits matins frileux.

Quand ils sortirent de très bonne heure, le froid était intense. Le sol gelé était recouvert d'une fine couche de verglas. Georges fit glisser son pied :

- Tu as vu ?

- Oui ! Ce n'est pas gagné notre affaire… Il faut encore qu'elle démarre !

Il ouvrit le coffre et s'empara d'une manivelle :

- Je vais la décoller à la manivelle pour ne pas trop solliciter la batterie !

Et, en effet il tourna deux tours et rangea son outil. Il mit le starter et tira sur le démarreur…

Instant de suspens intense ! La Dina toussa trois fois puis pétarada doucement. Un coup d'accélérateur, elle ronfla ! C'était gagné.

- Installe-toi, on y va !

Un fin brouillard gênait la visibilité. Les deux cônes de lumière jaunâtre des phares s'infiltraient difficilement à travers…

- Tu y vois quelque chose ?

- Pas grand-chose ! Et cette buée sur le pare-brise, c'est énervant…

Néanmoins, on était sur la route nationale à bonne allure. Dans un virage, il ne ralentit pas suffisamment ; la voiture dérapa et manqua de peu le fossé. Comme pour augmenter le suspense, Jean Paul fit ce commentaire laconique :

- Mes quatre pneus sont lisses, usés jusqu'à la corde… J'aurais dû les changer… C'est fou ce que je suis radin pour ces choses-là…

Georges se cramponnait sans montrer qu'il était mort de trouille. Ils étaient maintenant en régime de croisière. Le chauffeur s'était adapté aux multiples difficultés de la route. Le chauffage marchait un peu et évitait au moins la buée sur le pare-brise… On pouvait amorcer une conversation :

- Je connais cette caserne… J'y ai fait mes classes… Si tu avais pris les transports en commun, il aurait fallu que tu partes la veille et que tu dormes dans le hall ou la salle d'attente de la gare… C'est très inconfortable, d'autant que cette nuit, ils ont été au moins une centaine de gars à essayer de trouver une place… je le sais puisque je suis passé par là !

Georges lui en savait gré… Pendant le voyage, le grand frère essaya de calmer les appréhensions de son cadet :

- Tu sais les classes, si on y regarde bien, c'est du gâteau… Si tu aimes le sport, c'est un entraînement physique complet dont tu sortiras plus fort… Bien sûr, il y a la discipline… Au début, c'est surprenant, on a envie de se révolter, de s'interroger : « Alors ? C'est ça, le pays de la Liberté, le pays des philosophes de la Révolution Française, de Voltaire, de Rousseau et d'Hugo ? » Mais, on s'y fait ! Il faut se dire qu'elle est nécessaire sinon, c'est le bordel ! Alors, on finit par l'accepter et de toute façon, on n'a pas le choix !

Après quelques émotions fortes, dérapages non contrôlés et quelques peurs, ils arrivèrent… sans encombre. Ils se séparèrent la larme à l'œil :

- Tu n'as pas été trop effrayé par ma conduite sportive ?

- Non, ça va. Et, je ne te dirai même pas que je suis content d'être arrivé sain et sauf ! dit-il, en regardant les immenses murs de briques ternes des bâtiments qui se distribuaient autour d'une cour centrale dans le petit matin grisâtre.

- Dans trois mois, avant ton départ pour l'Algérie, tu auras une dizaine de jours de permission. On se reverra et on en reparlera…

- A Bientôt…

Quant à Niels, il partit la veille par les transports en commun, trouva une chambre d'hôtel près de la gare… Il fut un des premiers à franchir le portail de la caserne. Le planton vérifia sa convocation et le laissa entrer…

Ils étaient une foule immense dans la cour à attendre qu'on s'occupe d'eux. Ils se les caillaient… comme ils disaient ! Moins cinq affichait le thermomètre de la pharmacie du coin de la rue. On piétinait en tapant des pieds pour se réchauffer en soufflant dans ses mains… L'heure était passée et aucun gradé n'apparaissait sur le seuil de l'escalier central. La plupart des « appelés » tournaient en rond un peu désemparés. Certains se serraient la main. De petits groupes se formaient. Des plaisanteries fusaient. On calmait ses appréhensions en fanfaronnant :

- Tiens ! Qu'est-ce que tu fous là ?

- Depuis combien de temps, on ne s'est pas rencontrés ?

- Personne ne s'occupe de nous. Tu crois qu'ils nous ont oubliés ?

- Peut-être qu'ils ont changé d'avis... Ils en ont assez des trouffions !

- Si c'est ça, dans un quart d'heure, nous repartons à la maison !

- Eh ! La quille, c'est dans combien de jours, déjà ?

- Dans huit cent dix jours !

- Mince ! Un bail ! Une éternité !

Niels et Georges, chacun de leur côté, circulaient entre les groupes, cherchant une connaissance, un copain ou un ami à qui parler...

Ils s'aperçurent soudain. Sans hésiter un instant, ils se précipitèrent l'un vers l'autre et s'étreignirent chaleureusement...

- Toi aussi, tu es là !

- Ils ne m'ont pas oublié... J'aurais préféré rester à la maison...

Ils se regardaient en souriant, heureux de se retrouver même dans ces circonstances désolantes mais programmées depuis longtemps...

Niels cherchait une justification :

- Tu sais… J'ai réfléchi… Et j'ai compris… C'était de la folie cette histoire d'amour à sens unique avec Laurence… Bien sûr, elle est très belle, mais elle ne veut pas de moi… Elle a quelqu'un d'autre. Je ne voulais pas le savoir mais mon frère Jean Pierre m'a ouvert les yeux… Donc, je fais une croix dessus ! Dans vingt-sept mois, peut-être… je réexaminerai la situation… C'est encore très loin… Encore faut-il que je sois vivant… et entier ! Je ne me vois pas courir après elle avec une jambe de bois, dit-il en riant.

Il se tue un instant et reprit :

- Sans compter qu'elle aura beaucoup changé, évolué en bien ou en mal ; on ne peut pas savoir ! Et, à l'allure où elle va, elle sera très certainement casée, mariée avec des gosses à élever ! Par conséquent, il est fini, ce rêve de gosse insensé !

- Oui ! On n'y pense plus à notre brouille… C'est du passé et notre avenir est bien plus inquiétant. Des évènements plus graves nous attendent dans les djebels !

- Tu n'y es pour rien dans cette histoire… Je tenais à te demander de m'excuser pour mon attitude violente le soir du bal du quatorze-juillet. Elle était dictée par la colère.

- N'y pensons plus ! Tu crois qu'on sera ensemble en Algérie ?

- J'espère ! Mais il y a fort peu de chances qu'on soit dans la même compagnie, malheureusement !

- On se serait serré les coudes, comme d'habitude !

Un brouhaha monta de la foule quand trois gradés en grande tenue apparurent sur le perron… Le silence se fit…

DEUXIEME PARTIE

SOUVENIRS D'ALGERIE

1

Le mauvais sort décida qu'ils fussent séparés. Ils n'étaient ni dans la même chambrée, ni dans la même section.

Leurs vies n'en demeuraient pas moins parallèles. Le matin, sauf exception, ils avaient droit au cours théoriques : Grades, organisation de l'armée, présentations des armes à feu puis, travaux pratiques, c'est-à-dire démontage, entretien et remontage de pistolets, mitraillettes, fusils et fusil-mitrailleur… sans compter les grands cours de philosophie et de préparation psychologique sur la discipline, le devoir du soldat de mourir pour la Patrie, cette grande dévoreuse de vies - de préférence de jeunes vies - toujours affamée, jamais rassasiée, jamais contente… Après avoir remis le couvert tous les vingt ans dans un vingtième siècle pléthorique, cette Dévoreuse de vie insatiable, préférait maintenant un repas permanent de la fine fleur du pays, gastronomique et plus élaboré, et sans limite ni de durée, ni de volume… Oh ! Seulement quelques milliers !

L'après-midi était dévolue aux exercices fondamentaux des « classes » de l'armée que sont les marches de distances progressivement croissantes avec un paquetage de plus en plus lourd, du fameux parcours du combattant, de tirs variés avec les différentes armes, lancées de grenades et autres réjouissances, tous exercices calculés sur mesures pour transformer les innocents gamins des villes et des campagnes en terribles guerriers prêts à tuer n'importe qui, pourvu que ce soit pour la bonne cause, c'est-à-dire celle qui a été décidée en haut lieu par de cacochymes personnages imbues de leurs fonctions !

Bravo ! Et vive la République !

Nos deux amis subissaient cet entraînement avec peine et diverses souffrances : des ampoules aux pieds en rapport avec les marches forcées, des engelures aux orteils et aux mains dues au froid intense de ce mois de janvier et février toujours avec un sol gelé et des températures allant de moins cinq à moins quinze degrés… Sans compter les crampes d'estomac et les maux de ventre provoqués aussi bien par les mauvais repas que par le stress de chefs agressifs, souvent animés par une déficience mentale évidente et de plus, jamais contents… et une faim lancinante, jamais satisfaite et toujours présente de jour comme de nuit jusqu'à l'obsession.

Leur amitié les aidait à supporter ce climat délétère… Ils se retrouvaient le soir au foyer de la troupe et affrontaient des amis dans des parties de belote à quatre, ou de tarots à cinq, en fumant « des Troupes » et buvant de la bière… Ce qui était les prémisses d'un conditionnement vers le renoncement et la perception nouvelle de l'inanité de la vie, de leur vie… qui ne valait pas grand-chose et dont, par conséquent, on pouvait faire le don à une cause quelconque, voire maléfique…

Un électrophone gueulait des airs à la mode ou des succès des années passées. Cette ambiance amicale suffisait à les requinquer pour affronter dès le lendemain d'autres épreuves tout aussi ubuesques avec un courage forcé et un désespoir grandissant !

Néanmoins le bout du tunnel apparaissait sous la forme de dix jours de permissions, c'est-à-dire de retour au foyer loin de la folie soldatesque et martiale de la caserne…

Pour couronner ces deux mois et demi de « classes » très spéciales, le colonel de la compagnie décida d'organiser un semi-marathon avec la participation de tous les personnels militaires, les gradés comme les trouffions. C'était pour lui la façon de restaurer l'espace d'une matinée, l'égalité républicaine tant bafouée pendant ce stage de conditionnement au casse-pipe… qui s'était déroulé parfaitement selon les normes en vigueur et les directives ministérielles…

Merci, à la nation…

2

Ces dix jours de permissions furent un Eden… avant l'enfer qui, de toutes probabilités, les attendait. Ils oublièrent tout, surtout la caserne et le casse-pipe potentiel pour retrouver leurs parents, leurs jeux, leurs amusements de gosses… Pour dévorer d'immenses biftecks, se réchauffer l'âme et le corps à la flamme du foyer !

En quelques jours, ampoules et engelures, maux d'estomac et tortillements de boyaux se calmèrent, guérirent et furent oubliés… Seules les cigarettes et la bière restaient le témoin d'une transformation en profondeur, d'un avenir incertain, de tueries prochaines et probables où les morts ne seraient pas forcément les autres…

Quand Jean Paul vint en week-end et qu'ils allèrent ensemble se ressourcer au café du commerce, leurs cris unanimes furent :

- Un demi…

Le vétéran et la bleusaille étaient réunis dans la même communion. Personne ne dit du bout des lèvres : « Ce breuvage est un peu amer ! »

Jean Paul mit dans leurs discours la hauteur qui s'imposait à cette sorte de veillée d'armes. Ce n'était pas : « Soldats, demain vous aurez la chance de combattre pour votre Patrie et de mourir pour elle au champ d'honneur ! »

Oh non ! Loin de là !

Le discours était plus raisonnable, dans la triste réalité de cette triste guerre :

- La guerre continue malgré les années qui passent et ce n'est pas ce De Gaulle qui y mettra un terme avant longtemps. Il doit son retour au pouvoir aux partisans de l'Algérie française. Il a une dette envers eux ! Nous allons donc encore nous enfoncer dans plusieurs années de violences indicibles qui déshonorent notre pays comme les nazis ont durablement déshonoré l'Allemagne et son peuple… En fait l'histoire se répète. Des privilégiés ne veulent rien abandonner de leur prospérité, de leur domination. Ils se croient une race supérieure comme les Allemands ont pu le croire du temps du troisième Reich, ou les nobles sous l'Ancien Régime… On peut aussi citer comme exemple le cas de la noblesse russe qui fut balayée par la révolution d'Octobre… Si seulement les européens d'Algérie l'avaient compris, ils pourraient négocier une paix honorable… et en attendant, feraient une guerre propre sans torture, en respectant l'adversaire et les prisonniers du FNL… C'est l'Histoire qui se répète à cause de l'aveuglement d'une caste de privilégiés !

Georges qui aimait l'Histoire, et particulièrement celles des révolutions, approuva…

- Nous allons accourir au secours des colonisateurs et des privilégiés… J'ai du mal à le croire et à l'accepter !

Niels, plus pragmatique, continua :

- Nous avons bien noté tes conseils… Toujours baisser la tête comme les esclaves, les serfs, les moujiks ou les bagnards des temps révolus… car nous en sommes là… pour ne pas se faire repérer… en espérant qu'un jour les crosses des fusils se retourneront contre les tortionnaires en tout genre… Cette lueur d'espoir peut nous aider à garder notre dignité dans le long tunnel de souffrances et d'imbécilités que nous allons subir pendant encore vingt-quatre mois… En nous disant « nous ne sommes pas comme ces tortionnaires », nous gardons notre humanité, nous reconnaissons le droit des peuples à vivre libres et indépendants, nous respectons le patriote d'en face. Il se bat, Lui, pour une noble cause, la Liberté ! Et, c'est tout ce que nous pouvons faire, malheureusement…

- Nous sommes pris en tenaille, ajouta Georges. L'objection de conscience entraîne deux ans de prisons et cependant vingt-sept mois d'armée souvent dans des commandos…

- Il y a bien ceux qui désertent, qui s'en vont en Suisse, d'autres en Italie, je crois. Pour nous ce serait l'inconnue. Avec Georges, je pourrais l'affronter… Que ferions-nous ? Serons-nous bien accueillis ou au contraire rejetés ? Je crains de revenir comme mon frère Jean Pierre traumatisé à jamais, muet, taciturne, déprimé… On ne sait pas ce qu'il a ! C'est de pire en pire… Mon père dit qu'il va finir à l'hôpital psychiatrique… Il rentre du boulot et s'isole dans sa chambre en écoutant de la musique… Si je veux en profiter – il vient d'acheter un disque d'Oscar Peterson que j'écouterais bien avec lui – il me chasse en m'insultant !

- En effet, il en a pris un coup sur le carafon, c'est le moins qu'on puisse dire ! Mais, si nous partons… toute notre vie, nous serions étiquetés : « Déserteurs » ! Nous aurions une vie de parias et au bout du compte, ce sera pire que ces vingt-quatre mois de douleur… Sauf si nous revenons en état de mort cérébrale comme ton frère Jean Pierre !

- Alors, nous irons… à reculons sûrement et nous verrons ce que nous pourrons apporter de raison dans cette folie !

3

Ils embarquèrent à Marseille sur un vieux rafiot : « Le Pasteur ». C'était un grand transporteur de troupes. Il avait desservi bien des colonies et surtout l'Indochine, Saigon et Hanoï. Il abritait dans ses cales quatre mille bidasses, serrés comme des sardines. Les conditions étaient fort pénibles, les cabines du pont étant réservées à la fine fleur de l'armée. Ce voyage fut particulièrement éprouvant, beaucoup vomirent leur quatre-heures... ainsi que leurs tripes et leurs boyaux. Quand ils arrivèrent le matin à Alger, un air doux et printanier sembla vouloir les remettre tout de suite sur pied de cette traversée éprouvante. Ce fut comme une délivrance d'autant qu'on les accueillit avec les fastes militaires : Marseillaise, garde-à-vous et marche militaire au son du clairon sous un ciel clair et lumineux ! Des galonnés en casquette dorée leur firent l'honneur de leurs présences et de leurs commandements :

- Garde-à-vous !

- Repos !

- En avant… Marche ! Une, deux, une, deux !

Etc.

Des camions, rangés en rangs serrés, les attendaient pour les dispatcher dans leurs casernes respectives… Ils atterrirent après une demi-heure de cahotements, dans une caserne de Blida où on les informa que le lendemain leur régiment, le neuvième régiment d'infanterie, ferait route sans tarder vers Batna dans les Aurès.

Georges et Niels ignoraient tout de la géographie de l'Algérie. Ils apprirent par la vox populi que Batna était situé à environ cinq cents kilomètres de Blida et que le convoi militaire mettrait dix à douze heures en comptant les rares arrêts pour y parvenir.

Chaque soldat se vit confier une ration de survie, un fusil Lebel qui datait de Mathusalem ou plutôt de la guerre quatorze et quelques balles cousues dans un sac. Ils embarquèrent à une vingtaine par camion dès cinq heures du matin. Le convoi était impressionnant par sa longueur. Le trajet, sinueux, était sécurisé par des postes de l'armée française qui gardaient les ponts, les défilés et les endroits stratégiques.

Les bidasses sommeillaient dans le petit jour. Ils avaient froid et une sourde angoisse paralysait leurs mouvements. Certains tremblaient… Au fur et à mesure de la journée, l'ambiance se réchauffa. Les soldats qui gardaient les routes les saluaient d'un grand signe de la main. « Salut la bleusaille » leur criaient-ils, en les brocardant. Ils arboraient fièrement un MAT 45 en le soulevant par-dessus leurs têtes. Les visages s'éclairèrent. Des plaisanteries commencèrent à venir, timides au départ.

Puis ils se relâchèrent et à leur tour firent de grands signes amicaux…

- Salut les anciens !

Ou plus moqueurs :

- Salut les valeureux guerriers !

Dans les villes et les villages, les gamins quittaient leurs jeux pour venir les acclamer ou leur faire des grimaces. Tantôt, avec un bâton, ils simulaient de leur tirer dessus en batifolant et en riant… Certains leur criaient des insultes :

- Vous êtes contents d'aller vous faire tuer ?

Ou encore :

- Rappelez-vous l'Indochine et Dien Bien Phu !

Ils arrivèrent à la nuit tombante dans une vieille caserne que les années et les différents régiments avaient beaucoup détérioré. Dès lors, ils furent invités à passer par « l'ordinaire de la troupe », c'est-à-dire un hangar qui servait de réfectoire…

Ils s'installèrent dans leur chambrée. Georges et Niels réussirent dans la cohue à rester ensemble. L'un à côté de l'autre, ils avaient moins peur… L'un réconfortait l'autre et vice-et-versa…

- Je me demande bien ce qu'on est venu foutre ici ! chuchota Georges à son ami.

- Faire la guerre tout simplement… Tuer des gens au hasard qu'on ne connait pas…

- Jamais je ne pourrai faire ça…

- On y sera obligés…

Ils s'endormirent malgré tout et rapidement, leur vieux fusil sous le lit à portée de main. Tous ces changements, ces transits les avaient épuisés.

Niels fut réveillé de son profond sommeil en plein milieu de la nuit. Des coups de feu sporadiques mais répétés s'entendaient de façon insistante… angoissante. Dans l'instant, il pensa qu'il se réveillait d'un cauchemar. Il tendit l'oreille : Non ! Les coups de feu étaient réels. Il vérifia que son fusil était à sa place et se décida à appeler son ami :

- Georges ! Ecoute !

Celui-ci grogna, se frotta les yeux et dit :

- Quoi ?

- Ecoute ! La caserne est attaquée…

Georges s'assit au bord du lit en tendant l'oreille…

- Non… Ce n'est rien… Mon frère m'en a parlé… Ce sont des gamins, partisans du FNL qui s'amusent... Ils font ça tout le temps pour nous rappeler qu'ils sont là…

- Tu crois ?

- Oui, dors ! Si c'était une attaque toute la caserne serait déjà debout, prête à se battre…

Ils se rendormirent…

4

Le surlendemain le sergent-chef, Hippolyte, rassembla sa section constituée d'une vingtaine d'hommes :

- Aujourd'hui, vous allez prendre contact avec le bled. Nous allons patrouiller dans une vallée à deux pas d'ici. Rassurez-vous... Cette région est pacifiée depuis longtemps ! Tous les Felouzes ont été éliminés ou se sont enfuis vers d'autres contrées plus sauvages ! Je vous emmène pour une sorte de balade initiatrice... Un camion va nous conduire sur les lieux... Ce soir, nous rentrerons à pied.

Des rations de survie furent distribuées... et ils embarquèrent dans le camion découvert pour la circonstance, le fusil dressé entre leurs genoux.

- Malgré tout, il est plus prudent de découdre les balles de leur sac... on ne sait jamais, crut bon d'ajouter le sergent !

Après avoir vérifié que tout le monde était installé, il monta à côté du chauffeur. Ils traversèrent les faubourgs de la ville. De pauvres masures blanches ou grises se dressaient au milieu de leurs potagers. Un oranger, un citronnier tantôt un figuier ajoutaient un charme indéfinissable à ce paysage. Des champs d'oliviers et d'amandiers en fleurs succédèrent à ce décor agraire. Les bidasses qui pour la plupart, ne connaissaient pas le paysage méditerranéen, écarquillèrent des yeux étonnés.

- Tu as vu comme c'est beau tous ces arbres en fleurs, dit Georges...

- Tu sais ce que c'est ?

- On dirait des pêchers !

- Non, les gars ! Vous n'y êtes pas ! Ce sont des amandiers, rectifia un méridional !

- Ah ! Bon ! Que c'est beau, leurs pétales sont d'un rose si délicat !

- Comme l'air est doux… On a du mal à croire qu'on vient ici pour y maintenir l'ordre…

- Ou y faire la guerre !

- Et, cette lumière… Ce pays est comme un rêve, un paradis…

Des paysans en djellabas étaient montés sur leurs mulets qui trottaient sur le bas-côté de la route. Ils étaient chargés d'une modeste récolte de légumes. Ils l'apportaient au marché de Batna. D'autres pédalaient sur d'antiques bicyclettes le porte-bagage chargé d'un gros panier…

- Tu as vu celui-là ? On dirait mon vieux vélo hollandais ! Il est bien plus détérioré et, cependant, d'une grande utilité », dit Niels à Georges.

Il suivit un moment des yeux le vieillard à l'allure digne et sereine. Il pédalait tranquillement le long de la route, la tête droite coiffée d'un étonnant chapeau de paysan.

Le camion quitta la plaine. Le chauffeur rétrograda en attaquant la montagne. Le GMC ronfla en pétaradant… Un abondant nuage de poussière semblait poursuivre le camion. La piste était cahoteuse. Les bidasses rirent un moment en se laissant projeter les uns contre les autres. Puis, se rappelant le danger toujours possible malgré les propos rassurants de leur chef, ils reprirent leur sérieux.

Un paysage aride, parsemé d'arbustes, de pierres et de rocs, avait succéder à la plaine fertile.

- Tu crois que c'est une opération pour déloger quelques fellagas…

- Oh ! Il a dit : « juste une prise de contact ! Une balade pour nous confronter au djebel ! »

- C'est vrai ! Il faut qu'on s'habitue à ce terrain montagneux…

- Tu oseras tirer avec ton flingue ?

- Tirer sur des gens qui ne m'ont rien fait, qui combattent pour délivrer leur pays d'une domination étrangère… pour les tuer ? J'en suis bien incapable !

- Oui, mais si nous sommes pris dans une embuscade… cernés par des dizaines de combattants ennemis… Il faudra bien se défendre…

- Tu crois que c'est possible ?

- Oui ! Pas aujourd'hui bien sûr, mais plus tard, peut-être demain… Dans ce cas-là, nous n'aurons pas le choix ! Il faudra tuer, du moins essayer de tuer… C'est ce qui me fend le cœur à en pleurer ! On m'a tant appris à respecter les autres ! Non ! Je ne suis pas fait pour affronter de telles situations !

Le camion ralentit, puis se gara sur la droite. Une vallée s'étendait en contre-bas. Un chemin assez large qui permettait la marche à deux de front, y descendait en pente douce. Il était irrégulier et parsemé de grosses pierres. Une herbe rare déjà fanée, poussait sur les côtés. Le sergent attendit que tout le monde soit descendu sans presser le mouvement. Le camion fit demi-tour et s'en alla.

- Bon ! En route ! On s'étire sur une longueur d'une cinquantaine de mètres, mais on reste ensemble, commanda Hippolyte.

Il confia le poste de radio à un costaud, choisi parmi les soldats. Avec la batterie, il était assez lourd.

- Toi, tu restes avec moi ! Tu me suis partout… Que je puisse signaler au Q.G, s'il y a un accrochage… Compris ? C'est une précaution élémentaire.

- Oui… Chef !

- Toi ! Tu ouvres la marche avec celui-là, dit-il à Niels en désignant Georges. Je n'ai pas besoin de vous dire d'observer en permanence à droite, à gauche en haut, en bas… Tout le monde ! Et, surtout les éclaireurs ! Le moindre indice peut nous sauver la vie… Si vous voyez quelque chose, vous m'avertissez tout de suite…

La colonne s'ébranla. Elle rejoignit rapidement les bords de l'oued. Celui-ci serpentait dans une belle vallée bordée de roches blanches ou ocres ; tantôt il s'élargissait pour laisser la place à un pâturage d'herbe verte, puis se rétrécissait dans des gorges étroites. Un cyprès ou un pin semblaient décorer par instant ses rives. Son cours rapide déversait une eau claire peu abondante mais qui chantait agréablement en de petites cascades. Une buse s'envola d'un pin en criant comme pour donner l'alerte aux bêtes sauvages qu'une vingtaine de fusils se pointaient dans les parages de cet Eden. Le sergent chantonnait un air à la mode : « Allez venez Milord vous asseoir à ma table… » L'atmosphère se détendit… Les visages craintifs sourirent comme s'ils étaient, quelques années en arrière, en colonie de vacances ou dans le camp scout de leur adolescence. Certains recommencèrent à dire des blagues. Il n'y avait que Georges et Niels, les éclaireurs, qui restaient tendus, silencieux et vigilants… Une sourde angoisse leur montait à la tête quand la vallée tournait au coin d'un abrupt pour découvrir une nouvelle étendue, un nouvel horizon semblant désert de toute présence humaine…

La section avançait d'un bon pas sous le soleil printanier. Ils traversèrent plusieurs fois l'oued à gué, presque à pied sec, tant le sentier serpentait d'une rive à l'autre. La matinée était déjà bien avancée quand les éclaireurs découvrirent une prairie d'herbe verte dans un élargissement de la vallée. Un gros chêne vert à feuilles persistantes, offrait son ombre. Des pierres plates s'étalaient tout autour offrant un siège opportun au passant. Un berger s'y était assis peut-être la veille, car des crottes de moutons et de chèvres qui paraissaient toutes récentes, étaient disséminées tout autour.

- Halte ! Commanda le sergent.

Il sortit une paire de jumelles de son sac et examina consciencieusement les alentours, scrutant les abords, puis les roches près de la falaise, à droite, à gauche et enfin le sommet des montagnes…

- L'endroit est désert, nous allons nous reposer ici, puis nous reviendrons sur nos pas…

Les hommes mirent leurs fusils en faisceaux devant eux et s'assirent sur les pierres autour du gros chêne. La plupart déballèrent leurs rations de survie, burent à leurs gourdes. Des conversations s'animèrent. Le méridional disait :

- Chez moi, dans les Alpilles, le paysage est à peu près le même dans les collines. Le genévrier côtoie le cyprès et le pin. L'herbe est rare. Les rochers ont cette teinte blanche ou grisâtre… S'il n'y avait pas de rebelles, ce serait comme chez moi !

- Quel beau pays, approuvaient les autres !

Seul, le chef ne disait rien… Il avait cessé de chantonner. Une barre d'inquiétude barrait son front. Il sortit de nouveau ses jumelles et inspecta la montagne. Il se décida :

- Dites… Où sont-ils mes deux éclaireurs !

Assis un peu à l'écart sur une pierre plate, Georges et Niels se levèrent :

- Nous sommes ici, chef !

- Vous allez gravir cette montagne de ce côté pour regarder ce qui se passe en face... Ce n'est qu'une précaution... Mais, on n'est jamais trop prudent... Allez ! Exécution !

Le commandement était ferme. Niels et Georges dont l'habitude était plutôt de discuter les ordres, ne se firent pas prier. Ils interrompirent leur frugal repas et partirent d'un pas assuré, traversèrent le ruisseau et commencèrent à escalader l'abrupt de la montagne. Ils prirent rapidement de l'altitude. Arrivés à mi-pente, derrière un gros rocher, ils observèrent le côté opposé.

Dans un premier temps, tout leur parut si calme, si silencieux qu'ils eurent l'envie de dire : « Mission accomplie... Rien à signaler ! » Le paysage était tellement beau qu'ils eurent envie de s'y attarder comme pour mieux s'en imprégner. Ils vérifièrent encore une fois en bas, en haut, plus loin, tout au fond de cette étendue paradisiaque avant de prendre la décision de redescendre.

Cependant, ils pressentirent un mouvement discret derrière les rochers juste en face, bien au-delà de l'oued. Le canon d'une mitrailleuse apparut soudain au-dessus d'un rocher ! Son acier scintilla sous le soleil... Avant que Niels et Georges aient eu le temps de crier « Alerte ! » pour prévenir les autres, la mitrailleuse balaya les soldats et leur chef... assis tranquillement sur les pierres. C'était une salve intense, meurtrière et continue au vacarme assourdissant. Le feu cessa. Un combattant en treillis se dressa, sembla scruter les détails du carnage, puis disparut une fois de plus derrière son rocher. Il tira à nouveau une courte salve, puis se redressant dit un ordre en arabe ou en langue locale. Une dizaine de combattants sortirent alors de leur cachette. Ils étaient tous vêtus de treillis usagés, mais avaient tous à la main une moderne mitraillette. Ils avancèrent lentement vers le lieu de la tuerie. Chacun vérifia avec le pied que les soldats français étaient bien morts. Le chef, avec un revolver, tirait une balle dans la tempe de ceux qui respiraient encore. Ils s'emparèrent des fusils « Lebel » ainsi que du poste de radio et sans attendre déguerpirent dans la montagne… Leur chef cria des menaces à l'adresse de l'un de ses combattants qui trainait à l'arrière. Celui-ci voulait prendre une montre au poignet d'un des soldats morts…

Niels et Georges se plaquèrent à plat ventre derrière leur rocher. Quand la salve cessa, Niels eut des velléités d'aller secourir ses camarades. Heureusement son ami veillait :

- Ne fais pas le con, Niels ! Je t'en prie, reste-là ! Tu vas te faire tuer !

Il le retint fortement par le pied.

- Mais, écoute ! Il faut faire quelque chose !

- Non ! On n'y peut rien… Nous n'avons même pas notre fusil…

- Alors, nous sommes impuissants ! Nous laissons agoniser nos camarades ! Tu crois qu'ils sont tous morts ?

- Je le crains ! Notre seule chance est de rester là sans bouger en attendant qu'ils s'en aillent !

- Et, s'ils nous cherchent ?

- Dans ce cas-là, nous sommes cuits !

Ils entendirent les coups de feu du révolver. Ils étaient épars, distants chacun d'une vingtaine de secondes…

- Les vaches ! Ils achèvent les blessés, murmura Georges.

Ils laissèrent le temps s'écouler. Prostrés, tapis contre le sol un quart d'heure… une demi-heure, peut-être plus. Le temps n'avait plus d'importance… Ils n'osaient pas bouger comme paralysés par le choc, la peur, la déception, l'amertume, le deuil et l'épouvantable échec. Enfin, Niels se mit à quatre pattes, hissa sa tête au niveau du rocher et regarda :

- Personne ! Il n'y a plus personne, répéta-il !

- Méfie-toi ! Tu en es vraiment sûr ?

- Oui ! Sûr et certain ! Ils sont partis…

Georges se leva. Son regard effleura le carnage. Tous leurs copains qui ce matin encore essayaient de vivre en plaisantant de leurs malheurs, étaient des cadavres qui gisaient dans leur mare de sang. Il n'avait jamais vu de mort auparavant… Il ne put soutenir cette vision et faillit s'évanouir, ferma les yeux, les couvrit de ses deux mains… s'assit un instant sur ses talons… pleura toutes les larmes de son corps… C'était dur, trop dur à supporter pour ce jeune homme de dix-neuf ans, à peine sorti de l'adolescence…

Il se tourna vers son ami. Celui-ci était dans le même état : anéanti, prostré… Son regard implorait une aide urgente. Ils se donnèrent la main, puis s'étreignirent, étonnés qu'ils étaient, eux, d'être encore en vie…

Sous l'effet de cette étreinte bienfaisante, leur désir de vie, leur confiance dans leur alter ego, se réveillèrent. Il devenait urgent de réagir, de bien réagir. C'était comme si leurs projets les plus fous remontaient à leurs consciences avec leurs désirs de conquête des plus belles femmes, du regard noisette de Laurence, de la longue chevelure blonde de Clara… Car eux deux avaient la chance… par rapport à leurs compagnons gisant sur le terrain, l'unique chance d'être vivants et… d'avoir encore un avenir !

Ce n'était qu'un dur moment à affronter... Et ils étaient deux, liés à jamais par leur solide amitié... Cet évènement si violent qu'il en était indicible, renforçait leurs liens que rien ne pourra désormais altérer, pas même un jupon, même s'il s'appelait Laurence !

5

Ils reprirent le chemin en sens inverse. Ils essayaient de dominer leur peur, marchaient en silence l'un derrière l'autre, puis côte à côte quand la route le permit. Leurs regards se croisaient de temps en temps et la seule présence de l'un suffisait pour redonner du courage à l'autre. Cette fois encore, ils se tireraient de ce mauvais pas, tous les deux. Ils avaient toujours gagné grâce à leur entente, à leur solidarité. Alors, pourquoi pas encore cette fois ? Certes, le choc était des plus intenses ! Il n'avait rien à voir avec leurs candides combats précédents et leurs puériles victoires... Mais, ils étaient deux pour affronter la terrible épreuve de la guerre... cette guerre qui les dépassait par son absurdité.

Ils retraversèrent les faubourgs de Batna, la tête basse, silencieux jusqu'au mutisme, regardant la poussière du sol maculer leurs rangers. Des femmes voilées détournaient les yeux en les apercevant. Des paysans souriaient d'aise... Ces vaincus préfiguraient leur victoire prochaine.

C'est justement dans ce faubourg de Batna qu'ils purent articuler leurs premières paroles... Le muezzin appelant les fidèles du haut du minaret de la mosquée pour la prière du milieu de la journée, les réveilla de leur torpeur... L'intensité de la voix, son insistance répétitive chassèrent leurs profondes réflexions pour les ramener dans la réalité de ce pays... Ils dirent en se regardant :

- C'est certain, nous sommes dans un autre pays que le nôtre...

Ils ne dirent pas étranger puisqu'on leur avait répété cent fois jusqu'à leur inculquer cette idée fausse : « La Méditerranée traverse la France comme la Seine traverse Paris ! »

Des hommes en djellaba se dépêchaient pour ne pas être en retard pour la prière. Tout ceci donnait une couleur locale (régionale ?) qui les étonnait car ils ne connaissaient rien de ce pays que ce soit de sa géographie, de son histoire, de sa religion, de ses coutumes…

Niels articula difficilement :

- Tu m'as sauvé la vie… Si tu n'avais pas été là, je me précipitais au secours des autres… Et bien sûr, une petite salve aurait suffi pour m'ôter la vie… Je le savais déjà mais j'en suis de plus en plus conscient : Tu es beaucoup plus qu'un copain ! Tu es mon véritable ami, mon seul vrai ami !

- Toi aussi, Niels… Je le sais depuis longtemps, depuis toujours, depuis notre première rencontre dans la classe de Monsieur Queuille ce matin de septembre… Nous avions à peine dix ans…

Quand ils approchèrent de la caserne, le soldat de garde aperçut deux soldats en treillis. Etaient-ils des Français ? Il crut à une nouvelle ruse du FNL. Il arma son fusil. Quand Niels et Georges entendirent le bruit de la culasse, ils stoppèrent leur avancée et crièrent :

- Nous sommes des Français, soldats au neuvième Régiment d'Infanterie !

Ils levèrent leurs bras en l'air pour montrer qu'ils étaient désarmés…

Le garde les laissa approcher :

- Que s'est-il passé ?

- Notre section a été anéantie par le FLN ! Nous sommes les seuls rescapés…

Une surprise démentielle se peignit sur les traits du soldat de garde. Ses yeux s'écarquillèrent jusqu'à la folie… Il décrocha son téléphone :

- Mon lieutenant ! J'ai deux bidasses qui se disent les seuls rescapés d'une section partie ce matin en opération…

La réponse fut sans ambiguïté :

- Envoyez-les-moi !

Ils montèrent les quelques marches qui leur permirent d'atteindre le poste de la police militaire.

Le lieutenant répéta la sempiternelle question sur un ton de commandement militaire :

- Que s'est-il passé ?

Niels fit un bref récit de l'embuscade que Georges approuva de la tête…

Sans insister, le lieutenant décrocha le téléphone pour alerter le colonel, commandant en chef du neuvième régiment d'infanterie…

- Mon Colonel, j'ai deux rescapés de la section du sergent Hippolyte. Ils ont été salement allumés dans l'oued…

- Mon Dieu ! Envoyez-les-moi tout de suite !

Le colonel les reçut sans tarder. Ils entrèrent, rectifièrent la position, claquèrent des talons dans un salut réglementaire.

- Repos, fit le colonel. Et asseyez-vous !

Il désigna deux sièges disposés devant le bureau.

Georges résuma en quelques mots l'embuscade. Le colonel reprit point par point la suite chronologique des évènements. Deux détails l'ennuyaient. Certes, ils avaient perdu dix-huit jeunes soldats tous âgés de dix-neuf ans et un sous-officier de qualité, le sergent Hyppolyte dont la bravoure au combat était légendaire… Ce n'était là qu'un détail dans une guerre ! Ce qui l'embêtait le plus était la perte du poste de radio… Ainsi en trafiquant la longueur d'onde, le FNL pourrait être au courant des opérations qui se préparaient, pire il pouvait jeter une section dans une embuscade en se faisant passer pour le haut-commandement !

Le colonel montra la carte d'état-major. Georges et Niels désignèrent l'endroit où se trouvaient les corps sans vie de leurs camarades.

L'autre point important qui chiffonnait le colonel, était qu'ils étaient les seuls survivants du massacre. Il leur posa la question de confiance :

- Etes-vous pour la paix en Algérie ?

Georges s'attendait à cette question. Il répondit :

- Tout le monde veut la paix !

- Oui, bien sûr… Je veux dire la paix dans l'indépendance de l'Algérie…

Niels mentit avec sincérité :

- Mon colonel, je suis pour la paix avec une Algérie qui demeurera dans le giron de la France !

- Humm ! Bien… Cette réponse est un peu facile, dit le colonel… Allons droit au but ! Etes-vous communistes, sympathisants ou militants ?

- Pas du tout fit Georges et Niels approuva…

- Pour tout vous dire, je trouve anormal que vous soyez les seuls rescapés… Je me pose des questions ! Nous verrons ça plus tard… Je vois que vous êtes particulièrement choqués par cette affaire… Rendez-vous à l'infirmerie pour vous faire examiner par le médecin d'astreinte…

Niels et Georges saluèrent en claquant des talons.

- A vos ordres, mon colonel !

6

Ils sortirent soulagés… Mais…

- Que veut-il insinuer, le colonel, avec ses questions bizarres ?

- Je crains qu'il nous soupçonne d'avoir renseigner le FNL, d'être en quelque sorte les complices de l'anéantissement de notre section…

- Tu crois ? Il est fou ! Ce n'est pas possible ?

- Oui, tu sais… Comme par exemple, les armes qui disparaissent… le haut commandement soupçonne certains partisans de l'indépendance de l'Algérie – les communistes comme ils disent - de les transmettre au FNL…

- Mais, ces gars-là sont des traitres ! Ils peuvent faire tuer leurs camarades….

- Oui ! Ils sont passibles du tribunal militaire et de la peine de mort !

Il y eut un long silence pendant lequel les deux amis prirent conscience que s'ils étaient soupçonnés de renseigner le FNL, ils étaient de nouveau plongés dans un traquenard ! Niels formula cette crainte le premier :

- Tu crois que le colonel nous soupçonne d'être des traitres ?

- C'est juste un petit doute… A vérifier, a-t-il dit…

- Vérifier… vérifier, c'est vite dit… Tu crois que le deuxième bureau va nous interroger ?

- Je le crains. Mais, on n'a rien à se reprocher… Alors… Pourquoi avoir peur ?

- Tu as déjà entendu parler de leurs méthodes pour faire avouer leurs clients ? La gégène, les coups de matraque, le supplice de la baignoire… C'est de renommée mondiale… Avant de partir, mon frère m'a montré « le nouvel Obs, » journal qui dénonçait ces méthodes… qu'on croyait révolues c'est-à-dire d'une autre époque, cependant pas si lointaine…

- Oui, peut-être… C'est pour les prisonniers « fellagas… » Pas pour nous…

- Avec eux, on ne sait jamais… S'ils sont persuadés que l'on est de mèche avec les felouzes !

- Non, je t'assure… Il ne faut pas avoir peur… Ils misent là-dessus pour obtenir de faux aveux… Il faut être courageux… tenir la simple vérité… Je sais que tu tiendras le coup même s'ils emploient leurs méthodes extrêmes… Moi, aussi, parce que si l'un de nous deux flanche, l'autre est cuit… Je tiendrai le coup en pensant à toi, à notre immuable amitié… pour la vie qui est devant nous et qui sera belle quand on sera délivrés de l'armée et redevenus des hommes libres !

Ils passèrent devant le foyer de la troupe…

- Toutes ces émotions m'ont donné une terrible soif ! Il y a longtemps que notre gourde est à sec !

Ils franchirent le seuil. Le foyer était désert. Le serveur, un planqué, roupillait derrière son bar dans un fauteuil de plage usagé. Le parquet craqua sous leurs lourds rangers. Il ouvrit l'œil. Croyant à l'irruption du « juteux » de l'intendance, il se mit debout rapidement. Il fut tranquillisé à la vue de Niels et de Georges, deux inoffensifs bidasses ordinaires…

Sans rien demander, avec un profond soupir signant son ennui, il sortit deux bières « Pils » du frigo.

- Merci ! Tu as deviné qu'on avait une soif terrible… à boire toute l'eau de l'oued !

- Tu peux en rajouter deux autres dans la foulée…

Un rictus en signe de compréhension éclaira le visage du barman.

Georges et Niels trinquèrent bouteille contre bouteille :

- Dis, Niels ! Le toubib… Il va nous examiner… On peut tomber sur un appelé sympa… Sait-on jamais ? Fais le malheureux, le déprimé, le gars qui va péter les plombs, qui peut se flinguer dès qu'il aura un flingue entre les pattes…

- Oui ! De toute façon, avant de boire ces deux bouteilles, j'étais exactement dans cet état… Avec en plus, le colonel qui en rajoute une couche… Et parce qu'on n'est pas mort, a envie de nous infliger la peine de mort en cour martiale…

Ils avaient bu au goulot la première « Pils » et sans attendre, la seconde fut engloutie. Un petit rôt de satisfaction s'ensuivit… Ils se tapèrent sur le ventre visiblement satisfait :

- La « Pils », on a beau dire… ça te requinque un homme en moins de deux…

- Oui, mais, ça ne dure pas… Quand cesse l'effet, il faut en reboire deux… ou trois !

Ils sortirent et marchèrent le dos courbé, les traits livides vers l'infirmerie….

7

Quand les battants de la porte tapèrent, l'infirmier derrière son bureau ouvrit les yeux :

- Ah ! Vous voilà... Les rescapés de la section du sergent Hippolyte ! Le secrétariat du colonel m'a annoncé votre arrivée. Asseyez-vous dans la salle d'attente. J'appelle le médecin d'astreinte.

Un quart d'heure après, celui-ci déboula dans une jeep et fit irruption dans l'infirmerie. C'était un fringant aspirant. D'emblée, il leur tendit la main avec un bon sourire :

- Je suis un appelé comme vous, dit-il pour les rassurer. On m'a brièvement rapporté le traumatisme que vous avez subi aujourd'hui dans l'oued... Je vais vous examiner l'un après l'autre.

Il se dirigea à grands pas pressés vers son bureau en demandant d'un signe de la main à Niels de le suivre. La simplicité et le dénuement de la salle frappèrent les yeux de Niels... Il y avait à peine une table d'examen...

- Asseyez- vous, dit le médecin en lui désignant une chaise en fer dont la peinture écaillée trahissait le grand âge...

Niels s'assit. Il se tenait tout recroquevillé sur son siège, n'osant lever les yeux qui regardaient le sol, comme sous l'effet d'une stupeur... complètement hébété. L'aspirant laissa se prolonger un silence propice à la réflexion de l'un comme de l'autre, puis il dit simplement sur le ton le plus amical du monde comme s'il voulait redonner confiance à son patient :

- Racontez-moi ce qui vous est arrivé !

Niels reprit le récit détaillé. Il insista sur leur frayeur indicible, l'angoisse de mort qui suivit, l'incroyable choc, puis le terrible traumatisme de voir tous leurs copains tués, gisants dans leurs mares de sang, leurs pleurs de rage et de désespoir…

Le médecin notait tous les symptômes dans son dossier. Il ponctuait le récit de Niels de :

- Ce n'est pas possible ! Un tel carnage de jeunes garçons de dix-neuf ans !

Ou encore…

- C'est terrible ! Je comprends… votre état…

Puis, il examina son patient longuement et avec soin.

Il constata un état de stress post-traumatique et il conclut :

- Je vous garde en observation une semaine à l'infirmerie et je vous déclare inapte au combat pendant six mois… Il faudra bien ce laps de temps pour vous remettre de ce traumatisme psychologique sévère. Le médecin-commandant, mon supérieur, devra entériner mes décisions, mais il ne pourra décemment que les approuver…

Niels sortit, le dos courbé, sans montrer ni sa satisfaction, ni sa gratitude, en se demandant s'il existait une petite parcelle d'humanité dans ce monde d'aliénés et de brutes… Il se retenait pour ne pas pleurer… parce que quelqu'un de particulièrement éclairé ou d'humain comprenait pour la première fois sa détresse…

Georges eut droit au même interrogatoire, au même examen, et à la même conclusion et prescription. L'aspirant eut envie de parler de ses préoccupations :

- Je suis « psy » à Sainte-Anne à Paris… J'ai fait ma thèse sur le syndrome post-traumatique et je milite auprès des autorités militaires pour que cet état soit reconnu comme une invalidité à part entière et ouvre des droits à une indemnisation de la part de l'état. Il n'est pas normal que des jeunes hommes qui n'ont pas demandé à faire la guerre, soient marqués pour la vie, prostrés, anxieux, insomniaques, avec des idées suicidaires, quelquefois impuissants, incapables de retrouver une vie normale parce qu'ils ont été victimes de traumatismes profonds dans une guerre imbécile… Bien sûr, les autorités militaires, de même que l'état, font la sourde oreille et minimisent ce syndrome… Il est pourtant présent et handicape profondément et durablement les victimes… Je comprends que ce n'est pas comme l'amputation d'une jambe ou une cécité… On la voit la prothèse, on les voit les yeux absents, c'est évident… Mais le syndrome de stress post-traumatique existe vraiment… et doit être reconnu ! C'est mon combat !

Il réfléchit un instant…

- C'est mon combat, répéta-t-il ! Bon… Je ne vous retiens pas, dit-il en forme de conclusion.

Il se leva et serra la main de Georges, tout étourdi par ce long discours dont il avait compris, en partie, l'idée directrice…

Niels et Georges s'installèrent à l'infirmerie. Ils étaient dans une chambre avec deux autres appelés présents pour des blessures minimes dans un combat en terrain montagneux… Ils furent accueillis avec enthousiasme. Dès lors des parties de cartes furent programmées. C'était la meilleure façon de tuer le temps en rendant le présent agréable, d'oublier les traumatismes passées et l'incertitude, la crainte de l'avenir, la peur toujours omniprésente…

L'infirmerie bruissait d'étranges rumeurs. On y parlait comme d'un secret militaire de la plus haute importance de la mobilisation des trois compagnies du neuvième régiment d'infanterie pour un ratissage en profondeur des djebels entourant l'oued afin de les purger de toute présence de l'ALN et plus précisément de remettre la main sur le fameux poste de radio conquis par l'ennemi. Cette opération serait appuyée par les parachutistes et une unité de la légion.

Et en effet, le lendemain matin, vers cinq heures, toute l'infirmerie fut réveillée par le ronflement des camions qui par dizaines emmenaient sur zones les soldats censés être pacificateurs… Plusieurs rotations furent nécessaires pour conduire les mille hommes environ de ces trois compagnies.

Dès le premier soir, l'infirmerie accueillit trois blessés légers. L'un avait une entorse grave qui avait été plâtrée sur place. Les deux autres, des plaies superficielles suturées à l'infirmerie. L'ennemi les avait accrochés par surprise alors qu'ils avançaient en terrain découvert.

Yves, le blessé à l'entorse, s'était mal réceptionné en sautant d'un rocher. Deux de ses camarades avaient été tués près de lui et deux autres avaient été blessés gravement. Ils avaient pu être secourus et extirpés du champ de bataille. Ils seraient très certainement évacués dans la soirée, si la météo le permettait, par hélicoptère sur l'hôpital militaire d'Alger.

Auparavant, des mechtas, hameaux éloignés dans la montagne et qui n'avaient jamais vu un seul Européen auparavant, avaient été fouillés de fond en comble. Les pauvres cabanes avaient été vidées de leurs modestes mobiliers. La population presque exclusivement composée de femmes, d'enfants et de vieillards avait été rassemblée et accusée d'aider le FLN. Tous les hommes jusqu'aux gamins d'à peine douze ans avaient disparus. Ils avaient vraisemblablement été enrôlés de gré ou de force par les maquisards.

En conséquence, leurs villages furent brûlés. Les gens furent emmenés dans un « camp de regroupement » entouré de barbelés avec l'interdiction de sortir. Toute cette zone fut déclarée zone militaire interdite…

Niels et Georges crurent, dans un premier temps, que leur compagnon d'infortune, Yves, exagérait les faits. Pour eux, il était impossible que l'armée française « pacificatrice » se livre à de tels actes de non-respect des personnes et de leurs biens… Mais, malheureusement, ces informations furent confirmées par les récits d'autres appelés qui revenaient d'opérations :

- Nous avons encerclé le village, le pistolet mitrailleur à la main. Des gradés et des volontaires ont fouillé chaque maison à la recherche d'armes ou de dépôts de munitions, brutalisant à coup de crosses les habitants qui se mettaient en travers de leur porte. Les pauvres gens ont été regroupés puis emmenés plus bas dans un camp de regroupement. Puis le village a été incendié…

Les faits se recoupaient… Plus aucun doute n'était permis.

Certains disaient :

- Mais alors… Oradour-sur-Glane… Vous vous souvenez de ce qu'on nous en a enseigné en classe d'histoire de la barbarie des nazis ?

- Ce n'est pas pareil. Eux, c'étaient des nazis… Et ils ont enfermé la population dans l'église et y ont mis le feu…

- Oui ! Heureusement, dans ces mechtas, il n'y a pas d'église, ni même de mosquée !

8

La semaine d'exemption de service passa très vite. Niels et Georges furent ensuite affectés à l'intendance. Celle-ci profita des compétences de Niels en électricité.

Il se promena désormais dans toute la caserne dans les endroits les plus improbables, même au mess des officiers ou dans l'appartement du colonel… avec un escabeau sur l'épaule et une boite à outils rudimentaire. Son rôle consistait le plus souvent à remplacer de simples ampoules grillées, des prises de courant ou des interrupteurs cassés. Il avait besoin d'un aide – ne serait-ce que pour tenir son escabeau – et cet aide ne pouvait être que Georges… Cette fonction d'électricien bénéficiait de nombreux avantages. Outre celle d'accéder au rang tant convoité de « planqué », elle permettait de se lier d'amitié avec les cuisiniers des mess qui leur rendaient bien sous forme de larges biftecks… ou de côtoyer l'espace d'un moment la femme du colonel qui, pour nos jeunes trouffions privés de rêves féminins, en plus de son amabilité, ne manquait pas d'attraits…

Le deuxième bureau ne les avait pas oubliés. Le troisième jour de cette entrée en fonction, ils y furent convoqués !

Le deuxième bureau, autrefois institué pour débusquer et ficher les appelés récalcitrants – pacifistes, objecteurs de conscience, communistes, et tous les opposants à l'armée et à ses méthodes – s'était mué en Département des Opérations Particulières autrement dit le DOP. Celui-ci était spécialisé dans l'interrogatoire des prisonniers « fellagas. » Ses méthodes ultra secrètes étaient de renommée mondiale et dénoncées régulièrement par la presse française de gauche et internationale de tous bords, notamment des pays favorables à l'indépendance de l'Algérie c'est-à-dire de la presque totalité des pays du monde…

Le DOP « tirait les vers du nez » des malheureux prisonniers par des méthodes qui avaient fait la preuve de leur efficacité en d'autres temps : Les menaces, la tabasse, la gégène, le supplice de la baignoire etc. A l'issue de cet interrogatoire, quelques prisonniers acceptaient de collaborer… La plupart étaient fusillés dans l'anonymat le plus complet, souvent dans le bois le plus proche. Cet acte innommable était appelé par les malheureux bidasses de corvée : « la corvée de bois… »

C'est dans cet esprit (la connaissance des méthodes du DOP) que Georges et Niels s'approchèrent de son local. Il était situé dans un bâtiment indépendant, à l'écart des oreilles et des regards, tout au fond de la caserne… Comme toujours, les deux compagnons essayaient de s'épauler et de se rassurer l'un l'autre :

- Tu crois qu'ils nous prennent pour des communistes… qui auraient pu communiquer avec le FNL ?

- On n'a rien à craindre parce que ce n'est pas le cas !

- Alors… Pourquoi sommes-nous convoqués ?

- Pour nous interroger et être sûr de nous !

- Tu crois qu'on aura droit à la gégène ?

- Non ! La gégène, c'est pour les « fellouzes… » Pas tous… Les chefs… Ceux qui savent où sont les planques, les secrets militaires de ALN…

C'est malgré tout avec la peur au ventre qu'ils franchirent le seuil du DOP. On ne les fit pas asseoir. Ils attendirent leur tour dans un sombre couloir où l'on entendait par intermittence les cris de douleur des suppliciés…

Leur inquiétude était si manifeste que le soldat qui gardait la porte d'entrée vint leur dire :

- Vous, ce n'est pas pareil… vous ne craignez rien… Ils interrogent en ce moment des prisonniers… Les derniers ratissages ont été efficaces. Ils ont réussi à prendre une dizaine de fellouzes de la plus haute importance !

Niels et Georges eurent l'air d'être rassurés. Il se passa encore une heure d'attente très angoissante avant qu'un officier en grande tenue vînt les chercher. Celui-ci était très impressionnant. D'une haute stature, blond, le visage taillé à coups de serpe, le regard bleu-acier de la race qui se crut supérieure en d'autres temps, il avait dans son attitude sévère et bravache des signes qui montraient qu'il aimait son métier : torturer et tuer... chaque jour que le bon Dieu ose faire… avec méthode… et très certainement avec jouissance… peut-être dans l'espoir innommable de gagner du galon…

Sa voix résonna comme l'arrêt de mort d'un juge dans le prétoire :

- Venez par ici, tous les deux.

Niels et Georges le suivirent la tête basse et le dos voûté comme s'il allait franchir la porte d'un l'abattoir clandestin, dans un sombre couloir qui – croyaient-ils - ressemblait au célèbre couloir de la mort des films d'horreur… L'officier montra une modeste salle d'attente à Niels et demanda à Georges d'entrer dans un bureau terne et nu. Le lieutenant s'assit, ouvrit une chemise verte et dit :

- Je ne vais pas tourner autour du pot. Nous savons que vous êtes des agents communistes !

Il marqua une pause pour sonder avec des yeux qui tuent, des yeux révolver, le regard de son présumé coupable… laissant le silence accusateur peser de tout son poids sur le pauvre Georges… et reprit, content de lui :

- Et qui ont renseigné le FLN de l'opération commandée par le sergent Hyppolyte !

Georges, surpris d'une telle accusation, ne se laissa pas déstabiliser :

- Pas du tout ! Comment pouvez-vous dire ça !

- Nous le savons et en avons la preuve, fit l'officier en tapotant la chemise verte.

Puis, subitement en colère, il tapa violemment du poing sur la table…

- Vous feriez mieux d'avouer tout de suite… Ce qui vous évitera bien des tourments !

Comme pour démontrer l'ampleur de la menace, des hurlements de douleurs provenant de l'autre bout du bâtiment, la ponctuèrent d'une évidente réalité…

Georges resta muet d'épouvante et d'indignation mêlées… A ce moment-là, dans une pièce adjacente, ou peut-être très éloignée, des intenses cris provenant d'une personne qu'on martyrise, se renouvelèrent et emplirent les oreilles du pauvre Georges jusqu'à l'assourdir… Tous ses membres tremblèrent… Son cœur tapait dans sa poitrine à se rompre, ses boyaux se tordaient… Il pensa : « C'est un fait ! L'enfer existe ! Et, j'y suis ! » Par un instinct de survie élémentaire, il réussit à dominer sa peur…

- Ce n'est pas vrai… mon lieutenant… Je ne suis pas communiste… Je ne l'ai jamais été, et je ne trahirais jamais mes compagnons d'arme... Vous pouvez en être sûr... et me faire confiance...

Par un juste retournement du destin, le lieutenant comme s'il avait fini de jouer avec sa victime, parut se laisser convaincre :

- C'est ce que nous allons voir tout de suite... Je vais interroger l'autre, votre complice !

Il se leva, ouvrit la porte. Georges sortit... partiellement soulagé. Ce fut le tour de Niels. En se croisant, Georges fit une mimique rassurante d'un air de dire : « Difficile épreuve, mais on va s'en tirer ! »

Niels était à peine assis sur la chaise de torture que l'officier, tournant autour de sa proie, s'approcha, menaçant... et cria dans ses oreilles :

- Votre complice a tout avoué ! Vous êtes faits comme des rats !

Une violente douleur auriculaire secoua Niels. Assourdi, il leva les yeux au plafond comme s'il voulait implorer le Sainte Vierge ou tout simplement par une réaction qui signifiait : « Il est fou, celui-là ! »

- Non, ce n'est pas vrai, réussit-il à prononcer malgré sa frayeur...

Il insista :

- Non, ce n'est pas vrai... Nous n'avons rien à voir avec le FNL... Nous sommes même ici pour le combattre... Nous aimons notre patrie : La France...

Cette réponse prononcée d'un ton calme malgré le climat dramatique des lieux, eut un effet magique sur le tortionnaire. Il écrivit quelques mots sur les deux dossiers et dit d'un ton rude :

- Bon ! Je vous laisse... Vous pouvez retourner dans vos quartiers... Mais... Sachez que je vous aie à l'œil ! Je garde vos deux dossiers sous le coude.

Quand ils se retrouvèrent dehors, ils se sourirent d'aise et de soulagement :

- Ouf ! Durs instants qui resteront gravés à jamais dans ma mémoire, fit Niels.

- J'ai cru que j'étais en enfer !

- Bof ! En enfer, les tortionnaires de tous poils et de toutes les guerres grilleront à petit feu et c'est nous qui soufflerons sur les braises !

Ils avaient envie de se prendre par les épaules en se félicitant l'un l'autre d'être sortis indemnes de cette épreuve. Mais, ils ne le firent pas de peur d'être encore observer par les multiples agents, espions et enquêteurs du deuxième bureau...

9

Les six mois passés à l'entretien de l'électricité de la caserne passèrent vite. Georges et Niels se remirent peu à peu de leurs stress post-traumatiques. Leur insomnie, leurs réveils cauchemardesques s'estompèrent. Ils retrouvèrent peu à peu leur gaité, leur innocence, presque leur joie de vivre à l'abri des drames qui se jouaient à l'extérieur ou au DOP. Ils plaisantaient, jouaient aux cartes, fumaient « leurs troupes » et buvaient des bières, d'innombrables bières…

On les avait oubliés et pendant un temps, ils crurent que leurs vies de « planqués » allaient se prolonger jusqu'à la quille…

Hélas ! Trois fois hélas ! Le capitaine qui commandait la première compagnie s'aperçut un jour que le moment était venu de les reverser dans une unité de « maintien de l'ordre. »

Sur la route stratégique qui mène de Batna à Biskra, à travers les Aurès, existait un défilé où, en 1957, des unités aguerris du FNL avaient attaqué un convoi de camions de l'armée française, laissant sur le carreau de nombreux morts et blessés.

Depuis, des unités du génie avaient construit un blockhaus sur un piton rocheux dominant ce défilé. Une vingtaine d'hommes du neuvième régiment d'infanterie se relayaient en permanence pour garder ce point important. Georges et Niels furent désignés un beau matin pour renforcer la section sur le départ.

Un sergent-chef de « confiance », ancien d'Indochine, connu par le sobriquet de « la Baroude, » commandait la section. Chaque homme partait avec un pistolet mitrailleur à la main, ses munitions et des boites de ration pour tenir une dizaine de jours… Les jeux de cartes et les caisses de bières n'avaient pas été oubliées…

Le voyage en GMC dans l'air frais du matin dura à peine une heure. Le camion ralentit et se gara sur le bas-côté. Niels et Georges sautèrent ainsi que leurs compagnons d'infortune. La première chose qu'ils firent, fut d'inspecter les lieux. Tout semblait désert, mais Niels et Georges restaient sur le qui-vive. Leur première expérience « du feu » restait gravée à jamais dans leur tête… Ce défilé était idéal pour décimer une section : Un vrai traquenard.

En haut, les camarades qu'ils venaient relever, manifestaient leur joie.

- Enfin, les voilà !

- Nous étions en panne sèche !

- Et, plus rien à bouffer.

- Hourra ! C'est comme une quille !

La section arrivante devait grimper un étroit et abrupt sentier d'une centaine de mètres de dénivelé avant que la section relevée ait le droit de descendre. C'étaient les normes de sécurité et de toute façon, il eut été difficile de se croiser dans cet étroit et abrupt sentier avec d'énormes bardas sur le dos. Le génie avait taillé dans la roche cette cheminée. De hautes marches quelquefois un peu étroites pour les gros rangers des soldats, aidaient à cette ascension vertigineuse.

Niels et Georges chargèrent leurs sacs. Ils leur semblèrent qu'ils pesaient une tonne… Mais en serrant les dents, ne voulant pas démériter aux yeux de leurs compagnons, pas à pas, ils se hissèrent peu à peu jusqu'au blockhaus. Leurs bardas frottaient quelquefois sur la paroi rocheuse, les forçant à s'arrêter, à reculer pour passer de travers. Le chef fermait la marche. Ils arrivèrent enfin tout transpirant sous le soleil, déjà très haut dans le ciel. Ils posèrent leurs sacs et respirèrent…

Les partants fatigués, aux traits tirés, serraient la main des arrivants en montrant leur joie. Certains se sautaient au cou, se congratulaient tandis que les arrivant tiraient la gueule...

Le blockhaus était à l'abrupt de la paroi. Il laissait de la place de chaque côté à une esplanade quasiment plane et de forme ovale. Nos deux amis eurent tôt fait d'en faire le tour. Ils furent saisis par la beauté du paysage. Les monts des Aurès se dévoilaient à perte de vue se perdant à l'horizon dans les bleus pâles du ciel mêlés à une brume blanche et vaporeuse. La route de Biskra serpentait en contre-bas et on pouvait surveiller du haut de ce belvédère, les allées et venues sur plusieurs kilomètres. Niels et Georges qui avant de venir en Algérie ne connaissaient pas la montagne, étaient surpris par tant de beauté, tant d'immensité… Eux qui venaient de vivre reclus dans les murs d'une caserne pendant plus de six mois, découvraient de nouveau l'immensité d'un l'horizon, la beauté d'un paysage infini… Ce belvédère leur plut…. Ils oublièrent un instant la guerre et la peur… pour se croire un instant en villégiature…

Mais, ce bonheur, ce sentiment de domination de la nature ne dura pas… A l'arrière, le piton rocheux se continuait par un plateau rocailleux et désertique parsemé d'arbustes à feuilles persistantes, légèrement plus bas et qui descendait en pente douce. A l'entrée, une construction en dur avec un toit en tôles servait de dortoir et d'abri aux soldats qui n'étaient pas de garde. Autant il était impossible de prendre cette place du côté de la route, autant sa vulnérabilité provenait de ce plateau… Niels et Georges repérèrent tout de suite cette faiblesse.

L'installation fut rapide. Les tours de garde et les rôles furent distribués. Quatre hommes étaient de garde en permanence, deux du côté de la route pour assurer la protection du défilé, deux du côté du plateau pour défendre la section. Les tours duraient six heures. Le soir même, Niels et Georges furent désignés pour la première rotation de vingt-et-une heure à trois heures du matin.

Un croissant de lune dans un ciel étoilé sans nuage éclairait le silence de la nuit, seulement troublé par des cris ou des plaintes d'animaux. Ils étaient tous les deux aux aguets, à l'affut du moindre bruit, de la moindre ombre au bout de la nuit…

- As-tu entendu ?

- Oui, ce doit être un renard ou un chacal qui a attrapé une proie, un lapin ou un lièvre…

Puis ce fut le ululement d'un hibou ou d'une chouette….

Georges tremblait.

- Tu as peur ? demanda son compagnon…

- Oui ! C'est facile de nous attaquer par le plateau… J'ai froid aussi.

La température estivale de la journée s'était estompée pour devenir un froid glacial…

- Si j'avais su, j'aurais mis mon pull…

- Oui, moi aussi ! Je ne savais pas qu'il caillait à ce point !

Une brise s'éleva rendant encore plus inconfortable leur tour de garde. Ils firent les cent pas, marchant de long en large à l'entrée du piton.

- Si, nous étions attaqués, tu oserais tirer ?

- Oui ! Je tirerai pour me défendre... Je ne suis pas fait pour être soldat... Je n'aimerais pas tuer un adversaire qui lutte pour la liberté de son pays... Mais, dans le cas où nous sommes attaqués, c'est lui ou c'est nous... Alors, pas de doute, pas d'état d'âme, il faut tirer au moins pour se défendre...

Ils entendirent derrière eux, des pas de rangers marteler le sol. C'était « la baroude » qui venait contrôler s'ils n'étaient pas endormis.

- Comment ça va, les gars ?

- Bien, mais ça caille !

- Les nuits sont fraiches dans les Aurès ! Va te mettre un pull, je te remplace un quart d'heure !

Niels confia son F.M au sergent et courut vers son paquetage. Il revint sans tarder :

- Merci, chef ! C'est mieux ainsi !

Puis ce fut au tour de Georges d'aller remettre son pull.

Les jours se déroulèrent ainsi. Pour lutter contre l'ennui, ils jouaient aux cartes : le tarot... d'autres préféraient la belote. Ils buvaient de nombreuses bouteilles de bière et plaisantaient sur l'inanité de la vie et l'inutilité de cette guerre...

La surface presque plane du plateau permettait aussi de jouer au foot. Ils n'avaient qu'un ballon dégonflé mais s'amusaient dans de longues parties. Les buts avaient été improvisés avec des pierres ramassées dans les parages et il n'en manquait pas ! Ils retrouvaient ainsi leurs jeux de gamins. Ce défoulement physique était nécessaire à leur jeunesse. C'était un dérivatif qui évacuait leur peur...

Les dix premiers jours se passèrent dans la crainte permanente d'une attaque. Puis, ils s'installèrent dans la routine en oubliant presque la possibilité d'un affrontement inopiné. Pendant plusieurs mois, les rotations continuèrent ainsi : Dix jours sur le piton suivis de dix jours de caserne…

Malgré le foyer, les parties de cartes, la bière, l'ennui était là, omniprésent. Ils comptaient les jours. La quille n'était plus qu'à cinq cents jours, puis quatre cent quatre-vingt-dix-neuf et ainsi de suite.

Ils attendaient le courrier sans grande conviction. Georges écrivait à ses parents. Il savait que sa mère était inquiète. Pour cette raison, ses lettres restaient générales, ne reflétaient en rien la réalité, ni sa peur, ni ses crampes d'estomac… Il se confiait beaucoup plus à son frère. Et celui-ci lui répondait qu'il avait la chance d'être dans une unité non combattante, que son temps sous les drapeaux se passait bien parce que, lui, en avait beaucoup plus bavé à courir dans les djebels après les unités de l'ALN…

Niels écrivait à sa mère de banales lettres très rassurantes aussi. Elle lui répondait en lui donnant des nouvelles de la famille, de son père, de son frère toujours aussi mutique, quelquefois du village…. Jamais aucune information sur Laurence… De toute façon, il préférait rester dans l'ignorance tant il craignait d'être déçu…

L'un et l'autre se redonnaient du courage en envisageant l'avenir… quand ils seraient libres :

- Tu y penses, toi, aux filles ?

- Oui ! Toujours ! Je me demande ce qu'elle fait, ma Laurence… Je suis sûr que son amant est parti courir ailleurs… qu'elle est libre ! Et qu'elle se souvient de mes paroles… peut-être, qu'elle m'attend ! Cette pensée me redonne le courage d'aller jusqu'au bout de cet esclavage... Si je n'avais pas cet espoir, je crois que je me collerais « une bastos » dans le citron ! Et toi ?

- Oh ! Moi, j'en trouverai une... Celle que j'avais choisie, Clara... Je l'avais rencontrée, lui avait parlé... J'avais dansé une fois avec elle... Elle paraissait d'accord... Lors de ma permission avant de partir en Algérie, j'ai appris qu'elle sortait avec un jeune gendarme, libéré de ses obligations militaires... D'après mes infos, c'était du sérieux ! Autant dire que je suis grillé... Définitivement grillé... Je me dis que ce n'est pas grave... J'en retrouverai une autre... Je crois que les filles de notre âge sont impatientes de connaître l'amour et de vite se caser... Nous aurons celles qui restent ou les plus jeunes, les dix-huit-vingt ans... C'est peut-être mieux... Elles verront en nous des hommes virils qui ont fait la guerre... De quoi donner confiance à une jeune fille...

Une nuit de garde, Niels et Georges entendirent un léger bruit qui, en se rapprochant, devint de plus en plus audible. C'étaient des pas sur la rocaille. Les pierres déplacées tombaient dans la pente. On aurait cru un régiment qui se déplaçait, en essayant de rester le plus silencieux possible.

Quand une ombre apparut à environ cinquante mètres sur le plateau, une bouffée d'angoisse les submergea. Sans se donner le mot, ils armèrent leurs fusils mitrailleurs, et sans aucune sommation, ils firent feu... L'ombre touchée fit un roulé-boulé sur elle-même, puis s'immobilisa tandis que dans le camp, c'était le branle-bas de combat. Tous les soldats sur le qui-vive accouraient le F.M à la main.

- Qu'est-ce que c'est ?

- Une ombre là-bas !

L'émotion était à son comble. Déjà on prenait position comme s'il s'agissait d'une attaque !

Le chef arriva. Il avait pris le temps de revêtir son treillis :

- Que se passe-t-il ?

Niels expliqua…

- Hum ! Ce serait un sanglier que ça ne m'étonnerait pas…

Sans précaution, comme un brave, le dos droit et la tête haute, il marcha sur le plateau d'un pas assuré, se retourna et dit :

- Niels et Georges, venez avec moi ! Les autres, restez à vos postes !

Ils avancèrent derrière leur chef. Son exemple les avait délivrés de toute peur. A cinquante mètres gisaient dans son sang un gros sanglier…

- Un sanglier ! cria « la baroude ! »

Ce fut un tollé général… A la peur succéda la surprise et la joie. Ils allaient manger de la viande fraîche en abondance pendant plusieurs jours ! Quatre hommes prirent chaque patte du sanglier et le transportèrent sur une table improvisée. Il pesait bien son quintal ! Quand le jour fut levé, un boucher dans le civil, affûta son couteau et commença la dissection. Ce ne fut pas si facile, mais chacun y mit son grain de sel et en rivalisant de conseils, le sanglier termina dans les assiettes en des mets succulents…

10

Les mois passaient. La peur s'estompait… L'ennui grandissait toujours combattu par les mêmes moyens :

- La quille ! Bordel !

Et les mêmes jeux de cartes, de foot, les mêmes bières décrassaient la monotonie des longues journées. Le courrier était une émotion éphémère comme s'ils espéraient l'impossible.

Niels recevait une lettre par mois de sa mère à laquelle il répondait tout de suite. A dire vrai, en voulant rassurer sa mère sur son sort, il restait des heures entières devant la feuille blanche sans être inspiré ! Déguiser la vérité, la travestir, l'enjoliver le rebutaient.

- Je suis en panne sèche, disait-il à Georges. Qu'est-ce que tu lui racontes, toi, à ta mère…

- Parle-lui du beau temps, de la caserne, de ton rôle d'électricien, de la grandeur de la France qui emploie sa jeunesse à civiliser des populations ignares, lui disait-il en riant.

- Il ne faut pas exagérer ! Tu permets que je voie ce que tu écris, toi ?

Et souvent, il puisait ses idées dans la lettre de son ami…

Georges écrivait à sa mère, et à son frère… Tandis qu'il cherchait à rassurer celle-ci sans jamais lui parler du danger, il se confiait plus à son frère en lui décrivant l'exacte vérité des ratissages, des opérations, des mechtas qu'on incendie, des déplacements de population dans d'infâmes camps, du DOP, des tortures et de la gégène… C'était comme un défoulement, une confession, un moyen d'exorciser la honte qu'il éprouvait pour le comportement de son pays et de son armée…

Bien que les réponses fussent la plupart du temps assez banales – son frère savait déjà toute cette abomination puisqu'il en sortait - ces courriers les rattachaient à la vie réelle comme une passerelle entre leur vie d'absurdité et la vraie vie – la vie civile, comme ils disaient - une sorte de lumière au bout d'un long tunnel de vingt-sept mois, une quille allumée comme une bougie… un cierge d'espoir et de projets.

Pour la dixième fois, peut-être plus, ils retournèrent sur leur piton rocheux. Le charme du paysage sur les montagnes des Aurès s'était banalisé… La peur d'être attaqué en pleine nuit s'était aussi estompée… Ils montaient la garde en baillant, tous les deux assis sur un rocher, à moitié endormi. Le pistolet mitrailleur en bandoulière reposait mollement sur leurs cuisses. Le chef, conscient de ce relâchement, venait les réveiller régulièrement, faisait tomber des pierres pour voir s'ils réagissaient... Parfois, il marchait à pas de loup et les surprenait par derrière. Il les stimulait :

- Si j'avais été un fellouze, j'aurais pu vous trancher la gorge avant que vous ouvriez l'œil ! Bande de mauviettes ! Allez ! On se ressaisit, on ouvre l'œil ! Et, on reste vigilant ! Vous êtes responsables de la vie de vos camarades !

Par une grande nuit noire, une nuit sans lune et glaciale vers deux heures du matin, un dimanche, Niels et Georges s'efforçaient de rester éveillés. Ils baillaient. Dans une heure, ils seraient relevés et pourraient aller dormir. Ils en avaient marre – selon leurs propres termes - de cette vie de con…

Niels avait des pensées moroses : « J'en ai assez… Si j'étais courageux… je me flinguerais avec mon PM, tout de suite… Là, maintenant… sans aucune autre forme de procès…. J'aurais fini d'en baver… La mort me délivrerait de ces stupidités… Et je reste là comme une larve, la marionnette des puissants... » se disait-il dans le noir de la nuit sombre.

Georges pensait : « C'est samedi soir… Et là-haut, au pays, les jeunes filles et les jeunes hommes « libérés » dansent dans des surprises-parties endiablées… Il revoyait la dernière, juste avant d'être mobilisé, presque la seule à laquelle il avait assisté de sa vie… Et les filles, en mini-jupes qui se tortillaient dans cette nouvelle danse à succès, le twist… Il entendait la voix douce du chanteur : Twist again… etc. Il ne se rappelait pas des autres paroles. C'était Johnny ou Eddy Mitchell… Vraiment, c'était chouette, cette ambiance de fête ! Il devrait chanter pendant ses gardes… Ce serait moins assommant… Il voyait encore les filles se baisser de plus en plus bas en twistant… leurs jupettes remontaient sur leurs cuisses… C'était divin… Oui ! Bientôt, il vivrait de nouveau de telles émotions… » Ces belles pensées le rendormirent en dépit de son devoir de rester vigilant…

Soudain, Niels vit des ombres furtives se glisser, ramper dans le silence de la nuit… Il se pinça pour voir s'il ne rêvait pas ! C'était bien ce qu'il craignait : une attaque surprise du FNL… Georges comme un bienheureux, ne bougeait pas. Cette fois, ce n'était pas un sanglier ! Il hésita encore ; Non ! Il en était sûr :

- Georges, les fellouzes ! Ils sont là !

Celui-ci se réveilla en sursaut. Il écarquilla les yeux, ne vit rien… Les combattants adverses s'étaient fondus dans le noir… comme évaporés…

- Tu es sûr ?

- Oui !

Ils armèrent leurs F.M et firent feu. Ils arrosèrent copieusement les ombres de la nuit. Puis, ils se réfugièrent à plat ventre derrière le rocher sur lequel ils étaient assis un instant avant…

La riposte ne se fit pas attendre. Des balles sifflèrent à leurs oreilles. Celles-ci ricochaient partout, égratignaient les roches… Le camp se réveilla. Les vingt bidasses rampèrent vers leurs postes défensifs. Sans aucun ordre, ils se mirent à tirailler partout sans résultat probant.

Le chef cria :

- Cessez le feu… Gardez vos munitions !

Il se glissa vers Georges :

- Tu penses qu'ils sont nombreux ?

- Affirmatif ! Chef !

- J'informe le Q.G…

La radio était dans le blockhaus. Il tourna la manivelle plusieurs fois :

- Allo, le Q.G ? Ici, le piton 987. Nous sommes sérieusement attaqués !

Le quartier général répondit tout de suite :

- On vous envoie l'aviation. Mettez vos hommes à l'abri…

« La baroude » rampa de l'un à l'autre :

- On se replie tous dans le blockhaus. L'aviation arrive d'un moment à l'autre… Ils vont les mitrailler copieusement. Il y aura du dégât et des balles perdues…

Vingt longues minutes s'écoulèrent. La mitrailleuse, d'ordinaire tournée vers les gorges, avait été retournée vers le plateau. « La baroude » craignait un assaut à la grenade. Il scrutait la nuit de son regard d'aigle. Par précaution, un soldat, sous ses ordres, tirait des salves régulièrement en arrosant le terre-plein.

Ils entendirent vrombir enfin les moteurs des avions. Ils passèrent en rase-motte en mitraillant copieusement le plateau. Ils étaient quatre T six et repassèrent plusieurs fois. Niels compta quatre passages des plus assourdissants à rompre les tympans… Puis, les avions, considérant leurs missions accomplies, s'éloignèrent et rentrèrent à leur base.

Ils attendirent un bon moment à l'issue duquel le sergent demanda à ses hommes de regagner avec les précautions d'usage, chacun, leur poste défensif…

Après tout ce vacarme, un angoissant silence de mort régnait sur le champ de bataille. Les hommes commençaient à se détendre, à souffler, puis à bavarder.

- Restez tranquille, commanda le chef de sa voix virile.

On devait se méfier d'une ruse toujours possible. En principe, le gros des attaquants avait été anéanti. Les survivants devaient s'être retirés. Mais, sait-on jamais ? S'ils étaient nombreux, ils pouvaient de nouveau attaquer…

Après une heure d'attente, le sergent désigna deux volontaires pour aller voir. Ceux-ci avancèrent prudemment. Une quinzaine de corps gisaient dans leur sang… Un seul était sérieusement blessé. Il se plaignait, geignait, paraissait agoniser doucement. Le chef appelé pour prendre la décision, appela une ambulance pour le transporter vers l'hôpital de Batna. Quatre bidasses le prirent chacun par un membre pour l'emmener. Ils l'allongèrent sur le ciment près du blockhaus en attendant les secours…

L'ambulance arriva environ une heure après. Un costaud chargea le blessé sur ses épaules pour le descendre dans l'étroite cheminée d'accès… Et l'ambulance partit…

Le danger était écarté. Les hommes se précipitèrent sur les bouteilles de bière et retrouvèrent la parole. C'était la détente après la bataille. Ils félicitaient Niels et Georges d'avoir su déjouer l'attaque-surprise.

- Merci, les gars ! Mais la garde est justement faite pour ne pas se laisser surprendre !

La plupart plastronnaient déjà s'attribuant le succès de cet accrochage… Le chef tempéra leur gloriole :

- Heureusement que l'aviation était là, sinon, nous étions dans la merde, les gars ! Il ne faudrait pas l'oublier…

- Oui ! On l'a échappé belle. Des balles ont sifflé à mes oreilles et paradoxalement, je n'avais pas peur ! dit Georges.

Niels approuva.

Le sergent fut appelé à la radio. Il revint et annonça :

- Nous allons être relevés… par la légion ! Au Q.G, ils pensent que l'ALN a envie de contrôler le défilé et que ce n'est que le début d'une bataille plus importante…

Une heure après, les camions de la légion stationnaient au pied du piton. Les légionnaires montèrent en courant et sans salutation, coururent se poster immédiatement en ordre de bataille. Leur officier salua militairement « la baroude. »

- Votre section peut se retirer. Nous assurons la relève.

« La baroude » devant l'officier des légionnaires, bomba le torse et du ton le plus viril, commanda :

- Soldats ! En file indienne, on évacue ! Une, deux ! Une, deux !

11

La caserne était en effervescence. L'accrochage de la nuit était exagéré pour devenir une sanglante victoire où la section du sergent-chef « la baroude » avait brillé par sa discipline, son courage et son adresse. Niels et Georges en furent les premiers héros. La bière coula à flot. Les bidasses les plus généreux ou les plus friqués leur payaient des demis pour s'entendre raconter dans les détails les plus précis leurs exploits jusqu'à l'éclatante victoire. Ils sentaient bien que la réalité était un peu terne et que leurs récits gagnaient à être embellis sans entrer dans une tartarinade suspecte…

Une dizaine de jours passèrent. Leur gloire s'estompa. Niels et Georges furent de nouveau affectés à l'entretien.

Un permissionnaire rapporta de chez lui un électrophone avec quelques dizaines de quarante-cinq tours des chanteurs les plus en vogue ; désormais, la chambrée s'égaya le soir des voix de Johnny, Sylvie, les chaussettes noires, les chats sauvages sans oublier les Américains : Elvis Presley, Les Platters, Duke Ellington, Sydney Bechett etc. Les bidasses reprenaient les paroles, en inventaient d'autres plus marrantes en tapant des mains et même quelquefois en dansant jusqu'à l'extinction des feux…

Puis, un jour arriva la nouvelle comme une tempête dans un verre d'eau : Le neuvième bataillon d'infanterie devait déménager à Biskra avec armes et bagages.

Ce fut comme une révolution. Ils s'affairèrent à ranger leurs paquetages, puis à nettoyer les chambrées. Les questions fusaient. Dans quel but les faisait-on déménager ? Quelles opérations avaient imaginé le haut commandement ? On s'ennuyait à Batna, mais finalement, on avait ses habitudes et on n'était pas si mal…

Les bruits les plus contradictoires circulaient. On disait que chaque nuit des unités importantes de l'ALN, profitaient de l'immensité du désert pour pénétrer dans les Aurès… et que le neuvième bataillon d'infanterie appartiendrait à un dispositif beaucoup plus large pour empêcher cette pénétration…

Un beau matin, tous les bidasses de la première compagnie montèrent dans les camions. Un véhicule blindé (half-track avec une mitrailleuse Thomson et son serveur) ouvrait la marche, un autre la fermait. Le convoi était impressionnant ; plus d'une cinquantaine de camions, espacés d'une cinquantaine de mètres, se suivaient dans des ronflements monstres. La plupart dégageaient une épaisse fumée noire nauséabonde. Chaque soldat avait son F.M à la main ou en bandoulière sur les genoux. Les camions s'engagèrent dans la montagne. Les ronflements de leurs moteurs s'accrurent en se réfléchissant sur les parois des gorges et des défilés. L'air s'empuantit d'une forte odeur de gas-oil. Ils passèrent devant le piton 987 sans verser une larme. C'est tout juste s'ils firent un signe d'amitié à leurs remplaçants…

Le voyage dura au moins quatre heures. Vers les midis, la file de camions tourna au ralenti dans les derniers lacets de la montagne pour déboucher dans la plaine de Biskra. Les bidasses ouvraient de larges yeux. Ils roulaient maintenant sur une route droite et plane dans une palmeraie qui s'étendait à perte de vue parmi les villages jusqu'à l'entrée de la ville. Des paysans en djellabas revenaient du marché dans une charrette tirée par une mule ou grimpés sur un âne. En entendant la noria des camions militaires, ils se garèrent prudemment sur le bas-côté pour laisser passer le convoi… Leurs visages graves montraient leur incompréhension devant un tel déploiement de force et de moyens de la part d'un occupant… comparés à leur simplicité et à leur pauvreté de parias. La base aérienne fut dépassée et ils arrivèrent enfin dans une caserne immense dont l'état de délabrement sautait aux yeux.

Celle-ci était en tous points semblable aux autres dans sa disposition. On les convia à l'ordinaire de la troupe, puis les chambrées furent distribuées selon le même mode qu'à Batna.

Niels ne put s'empêcher de jeter un coup d'œil de professionnel sur l'électricité. Celle-ci était vétuste et délabrée comme l'ensemble des bâtiments. Beaucoup d'interrupteurs et de prises de courant étaient abimés et auraient dû être changés depuis longtemps…

- Je vais essayer que nous soyons tous les deux affectés à l'entretien. Ce n'est pas du luxe ! Il y a du boulot pour deux.

- Au fait, la quille se rapproche ! Toi qui sais si bien compter, il nous reste combien de jours ?

- En comptant les trente jours de perme libérable, il nous reste deux cent quarante-huit jours…

- Tu dis deux cent quarante-huit ! Merde… encore un bail…

- Avec un peu de chance, on va peut-être réussir à se planquer quelques mois encore !

- Tu crois ?

- Oui, fais-moi confiance…

- Je me demande ce que la vie nous réserve pendant ces deux cent quarante-huit jours qui nous restent…

- Une mort inopinée au coin d'un rocher dans le djebel… ou l'ennui d'une vie de caserne… à démonter et remonter des prises de courant…

- Ici, à Biskra, c'est la porte du désert… Au moins on les verra arriver en terrain découvert…

- Tu crois ? S'ils sont à découverts, nous le serons aussi !

La deuxième compagnie arriva le jour suivant et la dernière le troisième jour. Le régiment était installé au complet… On attendait les ordres… Allait-on se déployer dans le désert ? Tous, même les plus enragés, le craignaient… Il faisait une chaleur torride… Les cinquante degrés étaient souvent atteints dans l'après-midi… Et ils avaient une soif que même les multiples canettes de bière ne calmaient pas et ils devaient avaler deux pastilles de sel par jour pour éviter la déshydratation…

L'après-midi, Niels et Georges sommeillaient à l'ombre du bâtiment de l'entretien. La caserne roupillait. Les gradés étaient au mess avachis dans des fauteuils qui, eux aussi, avaient fait la guerre…

- Crois-tu qu'on va crapahuter dans le désert ? demandait Georges.

- Impossible ! Là, les fellouzes n'ont pas besoin de nous attaquer… Ils attendent qu'on meure desséchés…

- Avec la stratégie du haut commandement qui a fait ses preuves de ses visions de myope et même d'aveugle, je crains le pire…

- Dans ce cas extrême, les camions de Kronembourg et de Pils devront suivre !

Ils eurent rapidement la réponse à leurs interrogations. Un beau matin, le sergent-chef « la baroude » déboula dans la chambrée. On entendit :

- A vos rangs ! Fixe !

Et les bidasses, au garde à vous, virent arriver le sergent-chef dans toute sa splendeur. Il avait le teint frais, était rasé de près. Le coiffeur lui avait mis la boule à zéro en tondant ses derniers et rares cheveux. On sentait comme une exaltation féroce transpirer de sa personne. Il leur parla ainsi sur un ton ferme qui voulait rester amical et enthousiaste :

- Je quitte la vie militaire dans un mois. Mon engagement se termine et je suis rendu à la vie civile. Aussi, l'Etat Major m'a fait l'immense honneur de me confier une dernière mission ! C'est une mission de renseignement. Nous partirons ce soir à la tombée du jour, à pied et le plus discrètement possible. Nous nous fondrons en silence dans le paysage pour nous cacher dans le désert à une dizaine de kilomètres au sud de Biskra dans une masure de berger… Et, là en silence, sans fumer, sans parler, nous observerons et noteront les allées et venues, s'il y en a. En aucun cas, nous nous servirons de nos armes… Nous aurons nos PM seulement pour nous défendre en cas d'attaque de l'ennemi. Je veux vingt gars décidés mais surtout avisés… qui ont bien compris l'objectif de cette mission…

Niels et Georges baissaient la tête. Eux étaient affectés à l'entretien et ne se sentaient pas concernés.

« La baroude » parcourut l'allée médiane de la chambrée. Il regardait droit dans les yeux chaque soldat au garde-à-vous et disait devant certains :

- Toi !

Devant d'autres, il passait sans mot dire… Il arriva devant Niels et Georges :

- Voilà mes braves du piton 987 ! C'est eux qui ont sauvé la vie de leurs camarades en prenant la bonne décision au bon moment ! Vous êtes tout désignés pour m'accompagner dans ma dernière mission.

- Mais chef, nous somme affectés à l'entretien, osa Niels !

- Qu'à cela ne tienne ! Il s'agit d'une mission de courte durée... L'entretien vous attendra... Bon, j'ai mes vingt gars ! Rendez-vous à vingt et une heures devant le poste de garde avec chacun un PM en état de marche et ses munitions... Repos !

12

« La baroude » tourna les talons et disparut. Georges commenta :

- Oh ! Putain ! Nous voilà embarqués de nuit avec cette tête brûlée ! Sale affaire ! Je me méfie de ce pleutre !

- T'en fais pas… Moi, j'ai confiance dans ce chef… Il saura être prudent ! Il n'a certes pas envie de se faire descendre dans sa dernière mission !

- Si les fellouzes nous surprennent dans le désert… en terrain découvert… ils auront tôt fait de nous abattre… et la section entière… On en sait quelque chose… Nous qui sommes les rescapés d'un carnage…

- Mais... Tu n'es pas fier qu'on t'ait choisi pour tes faits d'armes antérieurs ?

- Tu parles ! J'ai tiré parce que j'avais la trouille… C'est tout ! Le chef croit que c'est du sang-froid… Il se trompe… C'est un réflexe de survie. De toute façon, je n'ai pas envie d'être le héros d'une guerre honteuse… et perdue d'avance !

A vingt et une heures, ils étaient tous devant le poste de garde. « La baroude » arriva. Il avait la tête des grands jours. Il parla calmement et d'un ton ferme :

- Je vous rappelle que c'est une mission d'observation. J'ai obtenu un camion ! Il nous emmène aux confins des faubourgs de la ville. Nous serons le plus discrets possibles. Nous nous fondrons en silence dans la nuit du désert. Nous nous cacherons dans une cabane située à environ dix kilomètres au sud. Et là, nous observerons sans bouger, sans parler, sans fumer. Le moindre indice peut nous faire découvrir… et nous ne sommes que vingt, donc vulnérables… Dans ce cas, seule la radio peut nous sauver encore une fois….

Chaque bidasse enregistrait chacune de ses paroles en silence… Les traits tirés de leur visage montraient toute leur peur, leur anxiété et leur angoisse d'y rester…

- C'est bien compris ?

Un timide « oui, chef » sortit des rangs…

- Vous roupillez déjà ? Je veux une réponse ferme et claire. Je répète : Avez-vous bien compris les consignes ?

Un « Oui ! Chef ! » tonitruant qui aurait voulu être viril, sortit des vingt poitrines « des hommes » encore en devenir… Ils n'avaient que dix-neuf ou vingt ans…

Un camion s'approcha. Ils y grimpèrent. La nuit tombait et une fraîcheur bienvenue commençait à les envelopper. Le camion les sortit de la palmeraie. Aux portes du désert, il stoppa. Ils descendirent. Le chef remercia le chauffeur, claqua sa portière et salua. Celui-ci repartit sans demander son reste…

Le désert s'étendait à perte de vue devant leurs yeux médusés. Il était éclairé par un timide croissant de lune et des étoiles qui scintillaient dans un ciel d'une clarté virginale.

Le sergent examina sa boussole avec attention. Il fit un signe qui voulait dire : « Suivez-moi… C'est par là ! Plein Sud ! » Au bout de quelques pas il vérifia que le radio le suivait ainsi que l'ensemble du groupe.

Ils s'enfoncèrent dans un espace immense, de prime abord sans limite. Le sol aride était constitué de sable et de cailloux. Il fallait en permanence surveiller ses pieds pour ne pas trébucher sur une pierre plus grosse que les autres. Une rare végétation parsemait encore cet espace de loin en loin. C'étaient des arbustes nains à feuilles persistantes et piquantes et quelques touffes d'herbe du désert.

Niels et Georges fermaient la marche. Le chef leur avait confié la mission de vérifier que tout le monde suivait. Comme des chasseurs, le PM entre les mains, ils observaient partout, à droite et à gauche, à l'affut du moindre bruit, de la moindre ombre furtive qui aurait pu se dissimuler dans un creux du terrain.

Non ! Il n'y avait personne… Ils croyaient être les seuls êtres vivants de cette immensité sableuse. Du moins, tout ce calme, tout ce silence et même toute cette obscurité incitaient à le penser !

Au bout de deux heures environ, la section fit une pause. Ils burent quelques gorgées d'eau, certains mangèrent quelques dates… Puis, vingt regards anxieux essayèrent de lire sur le visage de « la baroude » des signes qui les rassureraient. N'étaient-ils pas égarés dans l'immensité de ce désert ?

Le chef gardait son visage impassible. Il regarda sa boussole puis scruta la nuit de ses yeux de félins. Il appela Niels à son secours :

- Dis… Toi ! Qu'en penses-tu ? On devrait bientôt approcher de cette fameuse cabane… On m'a montré sur la carte… Exactement dix kilomètres, plein sud, à partir de la sortie de la ville…

Niels consulta sa montre…

- On devrait la trouver dans une demi-heure, trois quarts d'heure environ. On marche depuis à peine deux heures sur un terrain rocailleux et meuble qui nous retarde… Nous avons fait sept à huit kilomètres, pas plus…

- Oui ! C'est ça. Il faudra ouvrir l'œil. On risque de passer à côté. Le commandement m'a montré des photos… Elle est discrète, constituée de pierres sèches et grises… presque noires et invisibles dans la nuit… Ce qui est bien pour ce genre de mission… Mais peut-être difficile à trouver, surtout si elle est recouverte en partie de sable.

Niels sentit sous sa carapace de détermination… tout le désarroi de son chef… désarroi qu'il ne fallait pas transmettre aux autres pour ne pas le transformer en panique. Il devait le rassurer, le conforter, lui aussi…

- On va la trouver, chef ! dit-il fermement…

- Niels… Reste à mon côté… Tu as une très bonne vue, nocturne… A nous deux, j'en suis certain, nous allons la repérer ! Georges fermera la marche sans ton aide… Merci !

La marche reprit, lente mais déterminée. Niels, à côté de « la baroude, » relevait la tête. Son regard scrutait l'horizon. Une ride d'inquiétude barrait son front… c'était comme s'il était responsable de la vie de vingt de ses camarades. Il doutait un peu de la vision nocturne de son chef… et de la sienne !

Ils marchèrent pendant plus d'une heure. Niels comme « la baroude » commençait à se dire qu'il ne trouverait jamais cette cabane. Le chef envisageait déjà de constituer une sorte d'abri… Quand Niels s'exclama :

- Là ! Un peu à droite… Elle est là !

La section s'arrêta… Vingt et unes paires d'yeux scrutèrent l'horizon dans la direction indiquée… Déjà, beaucoup disaient :

- Il n'y a rien…

- C'est un mirage !

- Tu bois trop de bières, Niels !

Auxquels il répliqua :

- Non ! J'en suis sûr, les gars !

Et « la baroude » approuva :

- On y va… Doucement ! sans bousculade… N'oubliez pas que le désert peut avoir des yeux qui nous observent… des oreilles qui nous écoutent…

Au fur et à mesure qu'ils approchaient, c'était comme si la cabane sortait de terre… Elle s'imposait discrète et rustique…

En fait, c'était un abri. Des Touaregs l'avaient construite pour se protéger des vents de sable. De forme ovale, il était constitué de murs en pierres sèches, grises comme le sable du désert de cette région, d'un peu plus d'un mètre de haut, sans toit. Un espace de moins d'un mètre de large jouait le rôle de porte d'entrée.

Ils s'installèrent. Chacun trouva sa place dans cet abri étroit. Les uns s'allongèrent dans le sable, d'autres s'assirent en tailleur, d'autres restèrent à genoux. Le chef murmura :

- Bon ! vous êtes installés… On ne bouge plus… On écoute… On observe et surtout on la ferme !

La section avait du mal à comprendre… Pourquoi ? Puisque le désert était vide ? Etait-ce encore un de leurs fameux exercices de nuit dont raffolaient les gradés à barrettes, eux qui ronflaient auprès de leurs tendres épouses ?

Une longue attente débuta. Beaucoup s'endormirent. On réveillait ceux qui ronflaient :

- Chut !

Le chef et Niels disposaient chacun d'un interstice ménagé entre deux pierres, sorte de créneau. Ils observaient l'immensité désertique dans la nuit froide. Niels luttait contre le sommeil. Il bailla. Le sergent sentit sa fatigue :

- Repose-toi, Niels… Je reste éveillé. Si je sens le sommeil m'envahir, je te réveillerai et tu me remplaceras…

Niels approuva. Il se pelotonna dans le sable contre son PM, le serrant dans ses bras comme une femme et, avant de s'endormir, il eut une pensée pour l'amour de sa vie : « Que fais-tu ma Laurence à cette heure tardive de la nuit ? Dors-tu comme une bienheureuse dans ton lit douillet ? Ou, fais-tu l'amour avec ce porc qui t'a détournée de moi ? Sache qu'au lieu de guerroyer inutilement dans le désert en serrant dans mes bras un PM… comme je m'accrocherais à une bouée de sauvetage si j'étais en haute mer… C'est toi que je préférerais serrer amoureusement dans mes bras… »

Sur cette pensée réconfortante, le sommeil l'entraîna dans ses limbes…

La section sous le commandement du sergent-chef « la baroude » s'était fondue dans le désert. La plupart de ses membres se reposaient d'un sommeil léger entrecoupé de cauchemars. Seul son chef veillait.

Soudain, on entendit dans le lointain un murmure. Celui-ci s'enfla pour devenir distinct. Des hommes parlaient dans leurs langues. Peu à peu, chaque soldat se réveilla. Son voisin lui faisait immédiatement : Chut ! avec le doigt devant la bouche. Le chef et Niels regardaient par leurs espaces ménagés entre les pierres. Une caravane de dromadaires chargés de lourds paquets marchait régulièrement, inexorablement en droite ligne vers le nord, en direction de Biskra, semblait-il. Chaque homme conduisait trois ou quatre bêtes reliées entre elles par une corde. La caravane d'une longueur qui leur parut infinie, n'en finissait pas de passer devant leurs yeux étonnés d'observateurs. Puis, ce fut le tour d'hommes en treillis portant une arme en bandoulière et un baluchon sur le dos. « La baroude » en vit passer une centaine. Un modeste troupeau de chèvres qu'un berger en djellaba bousculait avec un bâton et des objurgations, suivit ; puis de nouveau des hommes à pied et encore une caravane de dromadaires…

Le défilé dura deux heures. « La baroude », trempé de sueur malgré la nuit glaciale, s'épongeait le front avec un mouchoir. Les hommes tremblants de froid et de peur, restaient paralysés… Si jamais l'un d'eux bougeait, ils étaient morts !

L'attente anxieuse s'éternisait. Le défilé semblait ne vouloir jamais cesser. Puis les bruits des pas des bêtes et des hommes diminua, ne reprit pas et le calme revint…

Le silence du désert s'installa, enveloppa tout, rassurant… Les soldats se regardèrent… C'était fini. Il l'avait échappé belle ! Un millier d'hommes surarmés aurait pu se jeter sur eux et les éliminer comme on élimine des nuisibles… Leur soulagement se manifesta par des murmures, des sourires presque des rires. Ils auraient voulu crier au ciel leur reconnaissance d'être encore une fois sauvés d'une mort certaine… et d'être encore en vie !

Mais, les yeux noirs de « la baroude » les fixaient sévèrement. Son regard autoritaire les calmait. Il rappelait tous les grands principes : « Rien n'est jamais acquis ; méfions-nous toujours de tout… d'un retournement du destin ! Ne nous découvrons jamais… La vie de vingt combattants n'est qu'une broutille au regard de la grande Histoire d'une nation… Restons prudent afin de ne pas aller rejoindre l'immense charnier de l'Histoire… »

Les « jeunes » se calmèrent autant à cause de la crainte du chef que par la compréhension de la situation d'une section esseulée dans le désert au milieu de milliers d'ennemis dont le rôle était de les éliminer.

Bien leur en prit ! Vingt minutes après des bruissements d'abord presque imperceptibles, s'annoncèrent. Ils enflèrent petit à petit et les soldats virent de nouveau apparaître une caravane d'une centaine de dromadaires conduite par leurs guides… Puis, encore des centaines d'hommes en armes, chargés comme des baudets qui marchaient courbés par la fatigue en regardant leurs pieds, puis des troupeaux de chèvres que des bergers en djellabas bousculaient pour leurs faire suivre le convoi….

Les soldats avaient baissé la tête, le visage contre le sable en cramponnant leurs PM comme un trésor, comme un être cher, comme on se cramponne à la vie. Quand le bruissement cessa, ils n'osèrent bouger et beaucoup s'endormirent de nouveau.

Le jour se leva progressivement sur l'abri. Le sergent regarda autour de lui d'abord à genoux, puis par-dessus le mur. Tout était redevenu calme. Alors, il se leva, observant chaque direction, une à une, à l'œil nu, puis avec ses jumelles. Rassuré, il fit quelques pas autour de l'abri.

Le soleil rasant réveillait peu à peu les soldats. Ils regardaient autour d'eux, étonnés qu'ils étaient d'être encore de ce monde, dans un désert qui avait pour eux quelque chose d'irréel… au moins d'inattendu… et que la lumière rasante rendait encore plus mystérieux.

Georges avait dormi comme une masse. Il s'agenouilla cherchant des yeux son ami. Celui-ci discutait déjà avec « la baroude. » Il se leva, secoua le sable qui s'était agglutiné sur son treillis et s'approcha d'eux :

- A ton avis, combien d'hommes de l'ALN sont passés devant nous cette nuit ? demanda le chef.

- Ils étaient deux convois d'au moins mille hommes par convoi…

- Oui ! C'est ça… J'évalue en tout à deux à trois mille hommes. Vous avez vu comme ils étaient chargés, ainsi que la caravane de dromadaires qui les précédait. Des armes… Des munitions… Ils risquent d'être mieux armés que nous ! En attendant, le quartier général va être content… C'est tout ce qu'ils voulaient savoir. L'ALN profite de l'immensité du désert pour infiltrer ses troupes sur les zones de combat… Il va y avoir du rififi dans les mois qui viennent… Le Q.G va se mettre en tête d'éliminer tout ce beau monde !

Niels et Georges baissèrent les yeux. Ce genre de propos ne leur plaisaient guère… « Toujours la guerre ! A quoi cela servira-t-il ? » pensaient-ils !

« La baroude » cria :

- Rassemblement !

Les soldats par un réflexe militaire se rassemblèrent en rang par deux, presque au garde-à-vous… Le chef les examina. Ils étaient tous là, intacts. La nuit passée à dormir dans les sables, les avait affermis, lui sembla-t-il.

- Nous rentrons à la caserne avec les précautions d'usage. En silence… et pas trop groupés. Niels et Georges ferment la marche et attendent les retardataires… En route !

Trois heures après, la section du sergent-chef « la baroude » pénétrait dans la caserne du neuvième régiment d'infanterie de Biskra. Il conclut ainsi :

- Mission accomplie, les gars ! Je vais en référer à mes chefs !

13

Le colonel reçut « la baroude » dans des termes amicaux :

- Comment s'est passée cette dernière mission, sergent ?

- Le mieux possible, mon colonel ! Aucune casse ! La section est rentrée au complet !

- Racontez-moi !

« La baroude » fit un rapport exhaustif de ce qu'il avait vu, avec une évaluation la plus précise possible des effectifs qui avaient déambulé sous ses yeux dans la nuit à une distance de deux cents à trois cents mètres.

Le colonel n'en revenait pas :

- Vous en êtes certain, sergent ? ils étaient aussi nombreux que vous l'affirmez ? Vous avez vu des centaines de dromadaires, chargés de victuailles et très certainement d'armes ?

- Affirmatif, mon colonel ! Le soldat Niels qui était à mon côté vous dira la même chose !

- C'est du sérieux ! Je me demande si l'ALN ne préparerait pas une attaque d'envergure ! Je vais en référer au grand quartier général. Devant une telle menace, des décisions importantes s'imposent !

Le colonel réfléchit un instant en se tapotant les doigts avec une vieille règle noire. Puis il revint à l'ordre du jour :

- En attendant, pour vous l'armée, l'Algérie, la guerre et tout le tintouin, c'est fini…

Il sourit comme un bon père de famille :

- Je vous signe votre permission de démobilisation… Quel sont vos projets maintenant… dans le civil ?

- Je ne sais pas encore… Je vais réfléchir… Sûr que ça va me faire drôle… après neuf années passées sous les drapeaux… Avant, j'avais une place de tourneur-fraiseur dans l'industrie métallurgique… Mais… je n'ai aucune envie de retourner à l'usine !

Ils se serrèrent la main…

- Bonne chance ! conclut le colonel. Ah ! Oui ! Dites à Niels de venir me voir…

« La baroude » passa prévenir Niels à l'atelier d'électricité… Il s'occupait déjà de remettre de l'ordre dans son matériel.

- Niels ! Le colon te demande…

- Que me veut-il ?

- Certainement, que tu lui racontes la nuit dans le désert !

- Tu lui as déjà fait ton rapport !

- Deux témoignages valent mieux qu'un… C'est comme les évangiles : Il y en a quatre pour raconter la même histoire !

Niels n'aimait pas ça. Il avait encore le souvenir désagréable du DOP. Il y alla avec une vague crainte dans le ventre, une peur pourtant sans objet parce qu'il n'avait rien à se reprocher… comme la fois précédente… après le carnage de ses dix-neuf camarades abattus sous ses yeux…

A son entrée dans la chefferie, le trouffion de permanence, très certainement averti de sa venue, l'introduisit tout de suite auprès du colonel. Niels se tint à cinq pas dans un garde-à-vous réglementaire :

- Repos ! et asseyez-vous…

Le ton était paternel. Il lui montra un vaste fauteuil de cuir qui devait avoir fait toutes les guerres tant il était craquelé.

- Allez ! Racontez-moi ce que vous avez vu cette nuit…

Niels, le plus exactement du monde, décrivit les caravanes, évalua le nombre d'hommes et de dromadaires avec tous les détails de leurs charges…

Le colonel l'interrompit :

- Merci, Niels. Je voulais vérifier que votre chef n'avait pas exagéré… Tout coïncide ! Je vous remercie ! Vous pouvez regagner vos quartiers.

Un « Niels » soulagé sortit de la chefferie du neuvième régiment d'infanterie.

14

Le quartier général sitôt informé fut en effervescence. On prit les mesures préventives pour surseoir à une attaque possible et d'envergure de l'ALN. Les gardes furent multipliées dans toutes les casernes et les bases aériennes. De nouveaux retranchements, rangées de fils barbelés et de mines, furent renforcés en urgence. On mit sur le pied de guerre les régiments d'élite : les paras et la légion.

Comme la meilleure façon de se défendre était l'attaque, l'armée multiplia les contrôles des hommes et des marchandises à l'entrée des villes.

La caserne bruissait de bruits contradictoires. La première compagnie fut dotée de fusils mitrailleurs tout neufs. Ce qui était un signe défavorable, du moins selon la mentalité générale des appelés. On disait qu'on allait procéder à des ratissages de masse, partout, aussi bien dans la montagne, sur les plateaux, au fond des oueds et des oasis… C'était logique. Il était urgent de neutraliser les milliers de combattants FNL dont la section de « la baroude » avait vu marcher les milliers d'ombres furtives dans la nuit du désert. Mais, où se cachaient-ils ? Personne ne le savait ! Même le DOP se déclarait incapable de fournir les précieux renseignements qui auraient permis à l'armée une attaque prompte et ciblée.

Niels et Georges ne conjecturèrent pas longtemps… Au petit jour d'un beau matin, un sous-off les réveilla :

- Tout le monde debout là-dedans ! Rassemblement, en tenue de combat, frais et rose dans vingt minutes, dans la cour !

Le ton était impératif. Niels fut d'emblée de mauvaise humeur. Il rêvait qu'il retrouvait sa belle Laurence qui, pour la première fois, lui disait : Oui ! Elle était en chemise de nuit et l'invitait à escalader le mur pour atteindre sa chambre au premier étage…

- Décidément, non contents de me retenir vingt-sept mois à piaffer d'impatience dans un état de complète servitude, ils cassent aussi mes plus beaux rêves… se dit-il dans un élan d'humeur…

Néanmoins, il ramassa son fusil mitrailleur qui gisait sous son lit et vingt minutes après, il était à côté de Georges en rang par trois à attendre les ordres.

Le capitaine s'avança. Un sous-off cria :

- Garde-à-vous !

Et, Niels pensa :

- Merde ! Font chier avec leur théâtre !

Encore tout ensommeillés, tous, ils rectifièrent mollement la position.

- Repos ! Cria le pitaine, un sourire bonasse sur les lèvres… qui annonçait qu'ils partaient en opération, qu'ils allaient souffrir de la fatigue, de la chaleur, de la faim et de la soif et que tous ne reviendraient pas forcément avec leurs bras, leurs jambes ou leurs vies…

Trois cents bidasses étaient rassemblés ; chaque section était encadrée par un sous-officier placé à son côté. Le capitaine reprit sa respiration et dit de sa voix la plus forte et la plus virile :

- Nous partons pour une opération de ratissage d'envergure dans les montagnes situées au nord de Biskra. C'est à moi qu'échoit l'immense honneur de mener à bien cette opération. Des rations pour deux jours vont être distribuées ainsi que des munitions. Vérifiez que vos fusils-mitrailleurs sont en état de marche.

Ils grimpèrent dans les camions selon un scénario qu'ils connaissaient maintenant par cœur. A la sortie de Biskra, côté nord, la colonne quitta la route asphaltée pour prendre une piste cahoteuse et poussiéreuse. Après un parcours qui leur parut très long, ils passèrent un col, puis redescendirent dans une vallée arrosée par un oued, à sec à cette époque de l'année. Un troupeau de chèvres se régalaient d'une herbe verte et rare qui croissait de chaque côté. Le soleil était déjà chaud malgré l'altitude, et quelques bêtes se reposaient à l'ombre des arbres bordant l'oued.

C'est là que les camions les déposèrent. Ils se rassemblèrent tout autour. Le capitaine désigna une mechta située deux cents mètres au-dessus d'eux. On pouvait apercevoir les premières habitations à l'aplomb de la falaise. Un seul sentier y menait. Mais, il était plus prudent de se disperser et de passer par la pente à travers les pierres et les rochers.

L'ascension fut pénible. Le soleil dardait ses magnifiques rayons sur leurs bardas et leurs têtes coiffées du chapeau de campagne. Niels et Georges, le FM dans les mains, doigt sur la gâchette, montaient doucement à l'arrière de la formation sous l'œil vigilant d'un sous-off qui fermait la marche. Ils souriaient de voir certains courir devant en progressant de rocher en rocher, presque avec enthousiasme comme s'ils jouaient à la guerre.

Après beaucoup d'efforts et de transpiration, ils débouchèrent sur un plateau où un pauvre village constitué d'une dizaine de cabanes en torchis, s'étendait…

Le capitaine donna l'ordre de se répartir tout autour du village pour rendre toute fuite de « fellouzes » impossible. Puis commença la fouille systématique de chaque baraque. Un sous-off assisté de deux ou trois appelés - plus ou moins volontaires - sortaient les habitants, souvent avec brutalité : Des femmes entourées de leurs enfants qui piaillaient de peur, des veilles femmes et d'hommes âgés. Un sergent asséna un méchant coup de crosse à un vieillard récalcitrant qui ne comprenait pas la raison de cette intrusion dans son abri et voulait défendre sa maison… Tous les hommes et les garçons de plus de douze ans avaient disparus, emmenés de gré ou de force par le FNL.

Sans ménagement, les soldats jetaient par la porte tout le pauvre mobilier et les grabats de paille qui servaient de lit sous les yeux atterrés des habitants et des enfants dont les cris et les pleurs redoublaient.

Niels et Georges étaient restés en retrait. Ils voyaient médusés comment leur pays, la France, traitait des pauvres gens qui, en toute probabilité, subissaient aussi cette guerre…

- Quelle honte ! marmonna Niels, suffisamment fort pour que son ami situé à deux mètres, l'entende…

- Est-ce ça, la France des Droits de l'Homme ? Cette France qui donne des leçons de Liberté et de Démocratie aux peuples du monde… Par ces actes innommables, je la crois à jamais déshonorée aux yeux de l'humanité entière !

La fouille systématique jusqu'aux moindres recoins, appentis et abris, se révéla cependant tristement négative… Le capitaine un peu découragé, allait ordonner de poursuivre le ratissage vers une autre mechta quand le traducteur berbère indiqua un endroit au milieu d'un espace qui figurait en ce lieu une sorte de place publique.

- Là ! Fit-il, tout heureux de sa découverte…

Le capitaine inspecta les lieux :

- Je ne vois rien !

- Si ! Faites creuser, ici.

Le traducteur désigna un espace à peu près circulaire d'environ deux mètres de diamètre où toute trace de végétation avait disparu. On réquisitionna deux pelles et deux pioches. Quatre bidasses se relayèrent pour creuser le sol durci. A un mètre environ de profondeur, apparurent peu à peu les canons des armes recherchées. Un stock de fusils Mauser avec lunettes de visée, des mitrailleuses allemandes, des Stati italiennes et des trois cent trois anglais gisaient dans cette fosse. Leurs provenances étaient diverses : Allemagne, Italie, Royaume Uni. Le capitaine, surpris devant le déploiement de cette cache sous ses yeux, posa la question :

- Comment est-ce possible que des pays alliés fournissent tout ce matériel au FNL ?

Un sergent intervint :

- Mon capitaine ! Elles sont vendues à un pays tiers… comme l'Egypte ou la Tunisie… qui les donnent à l'ALN.

- Eh ! oui ; c'est fort probable…

Niels et Georges crurent que toute la réprobation mondiale vis-à-vis de la France, était contenue dans cette cache…

La population fut regroupée. Le traducteur berbère leur expliqua qu'ils seraient déplacés dans un camp de « regroupement » placé sous la protection de l'armée française afin qu'ils soient éloignés de l'influence néfaste du FNL. Une section fut désignée pour les acheminer vers les camions qui les emmenèrent.

Dès qu'ils furent disparus dans la descente, l'ordre fut donné d'incendier le village. Des bidasses volontaires accompagnés des sous-offs allumèrent des incendies dans chaque cabane. La sécheresse ainsi que leurs constitutions les firent flamber en un instant. Les soldats regardèrent l'incendie. Une épaisse fumée noire s'échappait et montait dans le ciel, poussée par un vent sec et chaud en provenance du désert. La plupart avaient mal à l'âme. D'autres disaient : « C'est moche… Mais, c'est la guerre… » Niels et Georges étaient outrés, déconcertés, découragés… Ils se disaient : « Alors, c'est ça, la pacification voulue depuis Paris par les gouvernements successifs de la France ! » Ils baissaient la tête, pas fiers du tout de participer, même en retrait, à de telles actions. Niels, à cet instant, comprit le silence de son frère qui ne sut jamais exprimer sa détresse et sûrement ses remords à l'issu de sa démobilisation…

- Oui ! C'est à cause de ça, à cause de tels actes dégoutants qu'il en a toujours gros sur la patate… Je crois que moi aussi je ne pourrais jamais raconter ce que j'ai vu ! Ou alors, quand je serai vieux ! A la retraite, je pourrai non seulement le dénoncer… mais, l'écrire ou le faire écrire… Georges, je crois, saura le faire… Il n'y a pas besoin d'être un grand littérateur, pour dénoncer le militarisme idiot et écrire la simple vérité…

Georges pensait à Oradour-sur-Glane et au documentaire qu'il avait vu au cinéma juste avant d'être mobilisé… Il se persuada qu'il n'était en rien comme les SS.

- Non ! Rien à voir ! dit-il à voix haute comme pour mieux s'en persuader. Mais… Heureusement qu'il n'y a pas d'église dans ce village…

15

Le capitaine, entouré de quelques sous-officiers fit un long rapport par radio au quartier général pendant que les hommes se restauraient de leurs premières rations, à l'issu duquel il déclara :

- Notre action ayant été fructueuse, nous avons l'ordre de nous enfoncer plus avant vers le nord !

Nos deux amis se regardèrent et murmurèrent :

- Merde alors !

- Ce n'est pas fini leur ratissage ?

Ils repartirent dans les roches sur un long plateau désertique sous un soleil de plomb qui les assoiffait de plus en plus. Une heure plus tard, ils arrivèrent au sommet et découvrirent à leurs pieds une longue vallée. Des prairies parsemées d'arbres et d'arbustes la rendaient plus accueillante et propice aux activités humaines. Plus loin, on apercevait un troupeau de chèvres surveillé par un berger en djellaba assis à l'ombre d'un chêne.

A l'ubac, dans la descente, une forêt de pins leur apporta une ombre bienveillante, un peu de réconfort et de fraîcheur. Ils se seraient bien arrêtés pour une sieste, mais tout en bas un village apparut. Il paraissait plus important que le premier. Le capitaine l'observa longuement avec ses jumelles et conclut :

- Nous allons l'assiéger et le fouiller. Mêmes procédures d'approche, en silence !

Comme pour la mechta, Niels et Georges étaient de ceux qui entourèrent le village. Ils se tenaient en retrait avec la peur au ventre que des combattants adverses tentent une sortie sur un dispositif qu'ils jugèrent particulièrement faible. Il n'en fut rien. Tout paraissait étrangement calme.

Chaque maison fut retournée de fond en comble, le mobilier jeté dehors sous les cris et les paillements des femmes et des enfants. Des vieillards pleuraient en se tenant le visage dans les mains ; un autre, son tapis de prière dirigé vers la Mecque, le front prosterné jusque dans la poussière du sol, implorait dans la langue locale ou peut-être même en arabe, le Prophète.

Au fur et à mesure que la razzia se prolongeait, la crainte de voir des combattants adverses tenter le tout pour le tout, s'évacuait du ventre de Georges et de Niels…

- S'ils y avaient quelques « fellouzes de cachés, » ils seraient déjà sortis et auraient mitraillés quelques-uns d'entre nous… disait Niels pour rassurer Georges.

Le saccage se révélait encore une fois négatif… quand un sergent trouva un papier sur lequel on pouvait voir écrit quelques mots en écriture arabe. Ce papier passa de main en main pour atterrir dans les mains du capitaine. Celui-ci l'examina. Etait-ce un banal papier ou renfermait-il un message important en rapport avec le ravitaillement ou les plans d'attaque d'une bande de l'ALN ?

Le traducteur berbère qui connaissait l'arabe, parut intrigué. Il relut plusieurs fois le message, réfléchit encore… et dit :

- Il parle d'un lieu secret où doivent se rassembler les hommes et par où ils transiteraient avant de repartir ailleurs… Ce lieu s'appelle…

Il prononça les mots en arabe…

- Voyons… Comment pourrait-on traduire ceci en Français ? Oui, c'est ça ! On pourrait le traduire par : Le lieu-dit de la Montagne Noire…

Le capitaine réfléchit. Il tenait là le renseignement qui comblerait le quartier général. Il était probable que celui-ci, par ses nombreux informateurs ou par des vols de reconnaissance de l'aviation, connaissait ou se doutait de la situation de ce lieu secret traduit approximativement par « la Montagne Noire. » Il déclara :

- Nous cessons dès maintenant cette opération sans faire plus de dégâts. C'est le haut commandement qui décidera de la suite à donner… Laissons ce village…

Il mit ce précieux papier dans sa poche afin qu'il soit plus amplement analysé.

Par on ne sait quelle intervention divine, le village ne fut pas incendié, ni sa population déplacée !

Ils rentrèrent tard dans la nuit à la caserne de Biskra.

16

Niels et Georges se croyaient tranquilles. Ils avaient repris leur échelle et leur boite à outils de fortune et se promenaient dans toute la caserne à la recherche d'une ampoule grillée, ou d'un interrupteur défectueux.

Cependant, à l'extérieur, les ratissages continuaient de plus belle. Au moindre soupçon d'allégeance au FNL, le village était brulé et la population déplacée. On déplora la mort de trois appelés lors d'une opération où deux sections furent méchamment prises à parti par le FNL. Il fallut l'intervention d'une unité de parachutistes pour les dégager.

Une mort ordinaire pour ces trois soldats de vingt ans sur lesquels personne ne pleura, sinon leurs mères, et qui – selon le haut commandement - étaient presque bienvenues pour redonner de la combativité et de la solidarité face à l'ennemi, à un contingent un peu mollasson…

Niels et Georges comptaient les jours. La quille se profilait à quatre-vingt-dix jours… soixante jours avec le mois de permission libérable pour bonne conduite !

Mais, un beau matin d'un très beau jour, ils furent réveillés en fanfare par un sous-off dont l'enthousiasme de partir se frotter aux « fellouzes, » débordait par tous les pores de sa peau :

- Debout, là-dedans ! Et que ça saute… Tout le monde, sans exception… même les planqués…

Niels et Georges, tout ensommeillés, ramassèrent leurs fusils mitrailleurs en grommelant leur mauvaise humeur... Ils comprirent tout de suite qu'une opération d'envergure se préparait. Des centaines de bidasses sortaient de tous les bâtiments de la caserne et s'alignaient par sections, puis par compagnies.

- Merde ! J'ai l'impression que ça va barder ! dit Georges entre ses dents !

- C'est le gros coup qu'on attendait plus ! Dire que la quille n'est plus qu'à cinquante-huit jours !

- Ils vont nous faire chier jusqu'au dernier jour !

Il leur semblait que tout le neuvième régiment d'infanterie était mobilisé.

Les camions commencèrent leur rotation pour les emmener sur zone. Ils furent dans les derniers à partir. La balade durait une heure sur une piste cahoteuse. Une abondante poussière grise était soulevée et se mélangeait à la fumée noire des GMC.

- Si le FNL n'est pas prévenu de notre visite, c'est qu'ils sont aveugles et sourds, disait Georges.

A peine arrivés et rassemblés, ils partirent à l'assaut d'une pente que déjà plus d'un millier de leurs congénères avaient escaladée.

Au bout d'une heure, Niels et Georges s'arrêtèrent pour regarder le paysage et souffler :

- Regarde là-bas !

Au loin s'élevait un piton rocheux qui dominait l'ensemble des montagnes. Il se détachait de l'azur du ciel par sa couleur gris foncé qui contrastait avec les roches blanchâtres de ce plateau qui semblait mener tout droit à ses pieds.

- Quoi ? Je ne comprends pas ! dit Niels.

- Rappelle-toi ! Le mystérieux message et la supposée montagne noire, lieu de rassemblement probable de l'ALN !

- Oui ! C'est ça ! Ils la tiennent leur « Montagne noire ! »

- Mais alors, si c'est ça ! Ils peuvent être des milliers planqués dans le coin…

- J'en ai peur !

- Tu crois que ça va chauffer ?

Pour toute réponse, son ami composa sa plus belle moue affirmative.

Ils progressèrent toute la matinée parmi les roches d'un terrain auquel, maintenant, ils étaient habitués. Leur approche s'arrêta quand ils essuyèrent des rafales de fusils mitrailleurs, tirées – semblait-il – de la base du piton. Les balles ricochèrent sur les pierres sans faire de dégâts parmi eux. Le contact avec l'ennemi était établi…

Les sous-offs commandèrent :

- Abritez-vous derrière les rochers en formation de combat prêts à riposter à une attaque… Et attendez ! Le haut commandement est prévenu et des renforts arrivent…

Georges et Niels étaient derrière un rocher qui les abritait très bien. De temps en temps des balles sifflaient au-dessus d'eux et ils baissaient d'autant plus la tête. Ils jetaient des regards inquiets à l'avant. Des camarades étaient disposés à trois mètres environ devant eux en une première rangée face au piton.

Soudain, ils entendirent courir. Leurs têtes se hissèrent au-dessus du rocher et ils virent de frêles silhouettes en tenue de combat les approcher à toute vitesse un pistolet mitrailleur léger à la main. A moins de trente mètres, ils arrêtèrent leurs courses folles pour mitrailler dans tous les sens. La première rangée de camarades fut surprise et mise hors de combat. Niels se souleva, prêt à faire feu... Mais, en les voyant si jeunes - des sortes de gamins - il fut comme paralysé. Il ne tira pas.

Une violente douleur à l'épaule gauche le terrassa, il cria, tomba à terre, ne bougea plus sous les yeux effarés de son ami.

Georges sentit monter en lui une haine farouche, un sentiment qu'il n'avait jamais éprouvé... une féroce colère. Ils avaient osé tuer Niels, son ami de toujours. Lui, le pacifique, celui qui pensait qu'il était normal que l'Algérie accède tôt ou tard à l'indépendance, se leva, et sans précaution aucune, debout dressé comme un héros, il mitrailla. Au fur et à mesure que d'autres assaillants arrivaient, ils les descendaient sans aucun remord, sans état d'âme, animé par une soif de vengeance, comme si le diable du haut d'un nuage le commandait et le protégeait.

L'attaque des ennemis fut brisée.... Devant une telle hécatombe qui était générale sur toute la longueur du front, les survivants que le destin épargna, comprirent, s'abritèrent et reculèrent.

Profitant de cette pause, Georges s'agenouilla alors près de son ami. Il l'allongea sur le dos tandis que Niels reprenait peu à peu connaissance. « Ouf ! Il n'est que blessé ! » pensa-t-il.

Les premiers mots de Niels résonnèrent dans le cœur de Georges comme des mots d'excuse :

- Je n'ai pas osé les tuer ! C'étaient des jeunes, des gamins et comme un con, c'est moi qui me suis pris une balle, dit-il faiblement en serrant les dents pour maitriser la douleur qui irradiait de l'épaule dans tout le bras et jusqu'au cou et même la mâchoire.

Des larmes suintaient de ses yeux… il pleurait !

- Maintenant, je suis foutu… Je serai invalide et jamais elle ne voudra d'un blessé de guerre ! Je préfère mourir que d'être invalide !

- Mais, non ! On te soignera et tu seras comme avant… Tu l'auras ta Laurence… J'en suis certain ! Où as-tu été touché ?

Le treillis du côté de l'épaule gauche de Niels était déchiqueté. Georges écarta délicatement le tissu et vit une plaie béante qui saignait abondamment. Il pensa : « Il est méchamment atteint ! » Mais, il minimisa ses constatations en déclarant :

- Ce n'est qu'une plaie de l'épaule ! Ce ne sera rien ! Je vais chercher de l'aide.

Le service de santé était dépassé… Des brancardiers couraient partout. Georges eut la chance d'en attraper un :

- Hé ! Toi viens par ici… J'ai mon copain qui est blessé !

Celui-ci reconnut un des électriciens :

- Qu'est-ce que vous foutez là… Je vous prenais pour des planqués…

Il héla son binôme et celui-ci accourut avec le brancard.

- Courbez-vous ! Ils peuvent reprendre leurs tirs…

Ils hissèrent Niels sur le brancard. Il avait repris conscience et leur sourit pour les remercier…

- C'est un blessé léger. Il s'en tirera ! dit l'un des brancardiers. Et, Niels fut dégagé du champ de bataille.

Cette phrase rassura Georges qui, tout tremblant, reprit son poste. C'est alors qu'il entendit vrombir les hélicoptères. Ils s'approchaient à toute vitesse. A une distance de sécurité, ils ne se posaient pas, et restaient en sustentation à un mètre du sol. Une vingtaine de paras sautaient l'un après l'autre, et l'appareil reprenait de l'altitude. Les paras s'éloignaient de l'héliport improvisé, puis se regroupaient en attendant les ordres.

Dés qu'ils furent une centaine, ils coururent prendre position face à l'ennemi.

On demanda aux appelés du neuvième régiment d'infanterie de reculer pour laisser la place à la deuxième vague de paras puis à la troisième.

Georges était inquiet pour son ami. Le brancardier avait dit que sa blessure n'était pas grave… Mais il pouvait se tromper. Au moins Niels était soustrait du casse-pipe tandis que lui, y était encore. Il devait rester vigilant malgré la fatigue pour rester en vie, au moins pour son ami. Le soleil, encore chaud, déclinait dans le ciel. Il regarda sa montre :

- Dix-sept heures ! dit-il à voix haute. Serons-nous relevés dans la soirée ou passerons-nous la nuit à guetter une attaque ?

Les premiers légionnaires apparurent. Il en arrivait de plus en plus. Après avoir attendus les derniers, ils se disposèrent sur l'aile droite.

Les gradés à barrettes des différentes compagnies se consultaient. Fallait-il attaquer maintenant ? Le dispositif était complet et solide et il était certain que les maquisards ainsi cernés, tenteraient le tout pour le tout en pleine nuit. Il restait quatre bonnes heures avant le coucher du soleil, c'est-à-dire beaucoup trop pour prendre ce piton avec des régiments d'élite ! D'ailleurs les hommes ne comprendraient pas qu'on les laisse piaffer d'impatience jusqu'au lendemain.

L'ordre de l'attaque immédiate fut lancé.

Dans un premier temps les paras comme les légionnaires semblèrent progresser sans grande résistance. Les ennemis reculèrent dans leurs retranchements. Mais soudain, ce fut la contre-attaque. Les « fellouzes » mitraillaient, utilisaient aussi des armes lourdes. L'attaque fut figée. Les régiments d'élite furent contraints de reculer. Georges vit passer des brancards avec des paras blessés grièvement, d'autres paraissaient morts ou presque morts. Sur l'aile droite, la légion aussi subissait un sérieux revers avec un nombre impressionnant de légionnaires mis hors de combat.

Les gradés à barrettes constituant une sorte d'état-major sur le terrain, se consultèrent. Il n'était pas question de laisser décimer les régiments d'élite de l'armée française. L'ordre de reculer et de s'abriter leur fut donné en dépit de la rage des combattants à vouloir se rendre maître du terrain « quoi qu'il en coûte ! ».

Ils appelèrent l'aviation à la rescousse…

17

Les paras balancèrent des pots de fumigène le plus loin possible pour diriger l'aviation sur l'endroit à traiter, et se retirèrent prudemment. L'ensemble des combattants ainsi que Georges recula pour éviter toute bavure.

Quelques instants après, les avions en provenance de la base aérienne de Biskra – des T six reconnaissables à leur couleur jaune - firent un premier passage à basse altitude, en mitraillant abondamment. Georges en compta six. Ils repassèrent trois fois et s'éloignèrent.

Les combattants du FNL s'étaient retirés dans des grottes naturelles ainsi que d'autres qu'ils avaient creusées à la base du piton.

D'autres appareils survinrent et balancèrent des roquettes dans un grand fracas qui en se réfléchissant sur la paroi du piton, était si assourdissant que Georges, même en se bouchant les oreilles demeurât sourd pendant plusieurs heures.

Le silence revint.

Mais, comme si ça ne suffisait pas, deux chasseurs à réaction Mistral larguèrent des « bidons spéciaux », terme ampoulé qui signifiait qu'ils avaient balancés du napalm…

L'aviation ne pouvait en faire plus. Les T six comme les Mistrals rentrèrent à leur base. Les combattants sur le terrain devaient finir le travail…

Le commandement craignait la nuit. L'infiltration silencieuse des lignes de défense par des moudjahidine, serait facile et risquait d'être particulièrement dévastatrice pour les paras et la légion. D'un autre côté, il était légitime de penser que l'aviation avait considérablement amoindri les forces adverses. Il était encore temps de déclencher une attaque définitive.

La légion puis les paras attaquèrent de nouveau. Au bout d'un quart d'heure d'un combat acharné, ils comprirent qu'il était impossible de déloger l'ALN de ses solides retranchements. L'ordre fut donné de cesser le combat. On dégagea de nouveau les morts et les blessés sous les rafales itératives des assiégés.

Une attente interminable dans le soir qui tombait peu à peu commença. Plus tard, dans le crépuscule un hélicoptère atterrit avec précaution, sur une surface presque plane à une distance respectable du piton. Une équipe d'artilleurs descendirent un canon léger qu'ils fixèrent sur son support. Chose étonnante, on demanda à l'ensemble des combattants de reculer à une distance de sécurité à tel point que l'ennemi, croyant à une retraite cria sa joie par des youyous d'allégresse audibles jusque les oreilles de Georges qui était resté assis sur ses talons bien à l'arrière....

Les gradés groupés autour du canon se consultaient. Une brise du soir très fraîche, annonçant une nuit froide, soufflait dans le bon sens. Les uns et les autres opinèrent du chef. Georges sentit que ce geste, cet ordre leur coûtait… Mais… leur coûtait quoi ? Certes, de l'honneur ou… de l'humanité ?

Malgré tout, malgré les réticences et les hochements de tête, l'ordre fut donné aux artilleurs de tirer trois obus très spéciaux et très secrets…

Le premier fut ajusté au centre du piton, le second un peu à droite et enfin le troisième plus à gauche.

La nuit était maintenant tombée, une nuit noire et sans lune. Seules les étoiles scintillaient dans le ciel en délivrant une faible lumière… Des gradés agitèrent leurs jumelles sans rien détectés. Silence complet sur le piton ! A croire qu'ils étaient endormis… ou morts. On s'afféra autour du canon pour le démonter de son support. Le dos courbé, la mine défaite, et le remord au fond de l'âme et des yeux, les artilleurs repartirent par la voie des airs. Leur terrible mission était achevée.

L'ordre de plier bagages et de rentrer à la caserne fut donné au grand soulagement de Georges.

18

Georges reprit son train-train quotidien. Tout le monde le croyait réellement électricien. Il est vrai que depuis au moins dix-huit mois, il aidait le véritable électricien, son ami Niels qui, lui, avait le C.A.P en poche. Il était maintenant capable de le remplacer quel que soit la panne.

L'important pour Georges était d'avoir des nouvelles de son ami. La plaie était-elle profonde ? La balle avait-elle transpercé le poumon ? Georges le craignait. Avait-il été transféré dans un autre hôpital militaire que celui de Biskra ? On disait que cet hôpital n'était qu'une antenne avancée, un centre de tri. On ne gardait sur place que les blessés légers. Ceux qui étaient gravement atteints, étaient transférés à Alger.

A l'infirmerie, le personnel soignant et même les médecins-aspirants n'avaient aucune relation avec l'hôpital. Tout était enrobé par le sceau du secret. Il était impossible de briser ces barrières.

Par bonheur, un court-circuit dans la cuisine de la femme du colonel permit à Georges de résoudre son problème. Il fut appelé en catastrophe auprès d'elle.

De premier abord, cette jeune femme qui aurait pu être jolie, était distante et revêche. Elle tenait « son rang. » Mais, pour trouver la panne, il fallait que Georges l'approche et l'interroge sur les circonstances de la panne. Il le fit avec tact, patience, politesse et diplomatie. Ainsi orienté, il répara en moins d'une demi-heure la cause du phénomène électrique.

Elle lui en fut reconnaissante et, pour le récompenser et ajouter une note de civilité, elle lui offrit le café, agrémenté de petits-beurre que Georges, toujours affamé et sous-alimenté, ne dédaigna pas. Elle sourit d'aise en le voyant dévorer avec plaisir la moitié du paquet. Georges profita de son amabilité pour lui expliquer l'objet de ses soucis et de ses insomnies, c'est-à-dire l'état de santé de son camarade Niels, blessé lors de la précédente opération du neuvième régiment d'infanterie…

Elle réfléchit et dit :

- Je comprends… Vous êtes inquiet…

- Oui ! En effet !

- Je me rends chaque semaine à l'hôpital au chevet des soldats blessés ou malades pour essayer de leur apporter un peu de réconfort. Je pourrai me renseigner. Le mieux serait que je vous emmène avec moi dans la voiture de fonction du colonel. J'avancerai mon jour de visite et, si vous voulez, nous irons ensemble demain après-midi. J'en parle ce soir à mon mari pour avoir la permission de vous emmener… C'est pour la forme. Il ne peut rien me refuser. Je m'ennuie tellement dans cette caserne sans pouvoir sortir !

Le lendemain, Georges se présenta à l'heure dite au domicile du Colonel. Sa dame avait revêtu un tailleur de couleur sombre qui lui seyait à merveille. Coiffée, parfumée et légèrement maquillée, elle gratifia Georges d'un demi-sourire et dit brièvement :

- Allons-y…

« Aujourd'hui, je la trouve toute en rigueur et séduction, » pensa son invité.

Une quatre-cent-trois Peugeot noire, la voiture de service du Colonel, attendait devant la porte. La dame invita Georges à monter à l'arrière avec elle. Quand ils furent installés, le chauffeur démarra :

- Nous nous rendons à l'hôpital.

La voiture traversa la caserne et stoppa devant la guérite de la police militaire. Il attendit qu'une jeep avec trois hommes en armes soit prête pour les escorter. Quand celle-ci se pointa, ils se dirigèrent vers l'hôpital des armées.

Celui-ci était situé à la sortie de Biskra, à côté de la base aérienne. Quelques minutes suffisaient pour l'atteindre. La dame se tenait raide, les cuisses croisées, son avant-bras posé sur l'appui-coude latéral. Ses cheveux bruns relevés en chignon lui donnaient un air de dignité incomparable. Georges n'en revenait pas d'être assis à côté d'une telle femme. Cependant, il rompit un silence gêné :

- Je dois vous remercier particulièrement de m'avoir permis de me rendre au chevet de mon ami…

- Savez-vous que je suis heureuse de pouvoir vous rendre ce service. Je connais la dureté de la vie des militaires, appelés ou engagés. C'est pour moi comme une petite fleur que je cultiverais dans un monde de fous… ou sur un champ de bataille parmi les blessés et les mourants !

Ils se séparèrent dans le hall d'entrée.

- Donnons-nous rendez-vous dans deux heures à la voiture !

- Oui, merci ! répondit Georges en baissant les yeux devant le regard incisif de cette femme.

Georges s'enquit de la présence de son ami dans le hall d'accueil.

- Chambre cent-trois, premier étage, lui répondit l'appelé de service après avoir consulté un gros registre.

Le cœur de Georges battit la chamade. Son ami était resté ici. C'était plutôt bon signe. Il parcourut le couloir de son pas rapide et monta l'escalier quatre à quatre. La chambre cent-trois se trouvait là, au début du couloir. Il frappa pour la forme et passa la tête. Cinq bidasses blessés avec de gros pansements, les uns à la tête, les autres à la jambe ou au bras, étaient assis et jouaient au tarot. Il reconnut tout de suite son ami Niels – pourtant de dos - à ses cheveux châtains-clairs et bouclés et, à un volumineux pansement de l'épaule gauche. Le bras correspondant était en écharpe contre son corps. Il laissa déborder sa joie en voyant son ami requinqué et convalescent en entrant bruyamment :

- Salut les gars ! Bonjour Niels !

Il lui tendit les bras. Niels posa ses cartes et se leva avec les précautions que sa blessure exigeait. Les deux amis se serrèrent l'un contre l'autre en se donnant l'accolade, heureux de se retrouver…

- Comment vas-tu ?

- Mieux… Plutôt mieux… Je remonte la pente au fil des jours… Tu ne peux pas savoir la trouille que j'ai eu de mourir… d'être invalide à vie… Certes, je suis inquiet pour mon épaule… J'ai toujours très mal… surtout la nuit quand je me réveille angoissé par d'affreux cauchemars. Mais, le toubib affirme que je serai guéri dans un mois et qu'après un peu de rééducation, je n'aurai aucune séquelle…

- Bien ! Je suis certain que tu vas t'en tirer avec une épaule qui retrouvera toute sa mobilité !

- Et toi ?

- Tout va bien… En ton absence, je suis passé chef électricien… Et c'est d'ailleurs grâce à cette fonction que j'ai pu venir te voir…

- Ah !

- Oui ! Court-circuit dans la cuisine du Colon ! J'ai fait les yeux doux à sa femme et c'est elle qui m'a amené à l'hôpital dans une voiture avec chauffeur !

- Oh ! Le lèche-cul… Il va monter en grade ! rigolèrent les autres…

Niels reprit :

- En principe, d'après mes infos, je reste un mois ici… Puis j'aurais un mois de convalescence que je pourrai passer chez moi… Avec le mois de permission libérable, normalement, je ne retourne plus à la caserne… ou seulement pour rendre mon paquetage…

- C'est cool… Le casse-pipe pour toi… c'est fini…

- Si je dois passer par la caserne avant de repartir, j'essaierai de te voir… Sinon, on se revoit chez nous… La quille est maintenant dans cinquante-trois jours !

- C'est bientôt… D'ici là j'espère ne pas retourner en opération… Sans toi, j'aurai deux fois plus les pépètes !

- Oui ! Je ne fais que penser à notre vie d'après… Au boulot, bien sûr… mais aussi au foot, au vélo… Tu crois qu'on pourra de nouveau jouer comme des gamins ? Les autres, nous trouveront trop vieux ! Et, puis je pense aussi à Laurence… Je n'y ai pas renoncé… Je me battrai pour l'avoir… la conquérir… Il faudra que tu m'aides… Toi, tu sauras trouver les mots qu'il faut… me conseiller sur la tactique à adopter !

- Tu crois ? Cette fille n'est pas un piton montagneux à conquérir coûte-que-coûte !

- Nous verrons ça en temps utile… Je suis certain que tu pourras m'aider !

- Je ne vois pas comment ! Mais, si tu en es sûr !

- Oui ! Toi, tu as de la psychologie… Tu sauras me modérer, me faire patienter pour trouver le bon moment, l'angle de l'attaque définitive…

Après avoir bavardé longuement, avoir évoqué plein de beaux souvenirs d'enfance et d'adolescence devant les regards rigolards de la chambrée, ils se quittèrent en se disant :

- Bonne chance !

- A bientôt ! fais gaffe à toi !

Ils se serrèrent l'un contre l'autre. Et Georges put partir. Des larmes inondaient son visage…

Il se rendit près de la quatre-cent-trois. Le chauffeur attendait patiemment, assis au volant. Son carreau était ouvert. Georges engagea la conversation. Ils évaluaient le nombre de camarades morts ou blessés depuis qu'ils séjournaient à Biskra. L'un estimait qu'une centaine de camarades avaient été mis hors de combat, c'est-à-dire étaient morts ou avaient été grièvement blessés depuis environ un an au neuvième régiment d'infanterie… L'autre en dénombrait seulement une cinquantaine. La discussion s'éternisait dans des détails que chacun livrait en guise d'arguments quand ils entendirent les hauts-talons de la Dame résonner sur le macadam.

- Mission accomplie, dit-elle en invitant Georges à regagner sa place dans l'automobile. Comment va votre ami ?

- Il commence à aller mieux… Mais, il a une mauvaise blessure à l'épaule.

- Et son moral ? J'en vois tant et tant qui restent prostrés dans leur coin à ressasser des pensées suicidaires… Il y en a un que je connaissais assez bien, à qui j'essayais de redonner un peu d'espoir en lui parlant chaque semaine. Il s'est défenestré mardi dernier et en est mort… Ceci m'a donné un drôle de coup au cœur ! Comment va le moral de votre ami ?

- Il essaie de surmonter !

- Que faisait-il quand vous êtes entré dans sa chambre ?

- Il jouait au tarot avec ses compagnons de chambrée.

- Alors, il s'en tirera sans séquelle… Depuis le temps que je rends visite aux blessés de cet hôpital, je me suis rendu compte que le moral compte beaucoup… Que certains possèdent en eux cette force de réagir tandis que d'autres se laissent aller, découragés par tant de frustrations, d'abandons et de malheurs…

Ils furent bientôt arrivés à la caserne. Au moment de se séparer, elle lui dit :

- Venez avec moi. Nous allons bavarder autour d'une tasse de thé.

Georges ne se fit pas prier. Elle l'invita à monter les escaliers devant elle.

- Je vous fais un thé à la menthe dans la tradition du pays ?

- Oui ! Si vous voulez !

- Vous connaissez au moins ?

- Non ! Je n'en ai jamais bu !

- Alors je vais vous le faire découvrir… Passez deux ans en Algérie sans boire au moins une fois un thé à la menthe serait un non-sens…

Elle le servit dans d'exquises manières. Ses gestes avaient maintenant des douceurs de femme dans l'intimité. Georges, toujours intimidé, dégusta son thé à la menthe agrémenté de petits-beurre. Il n'osait pas manger tout le paquet et s'arrêta à la moitié. Elle lui dit :

- N'ayez pas peur de le finir… Je sais que les repas à « l'ordinaire de la troupe » sont nettement insuffisants pour des gaillards comme vous qui se dépensent beaucoup dans les différents exercices de la vie militaire.

Elle ajouta une assiette de dattes du pays.

Tant de sollicitude détendit Georges. Il la trouvait maintenant sympathique. Son air coincé de « dame de la haute » n'était qu'une apparence. En fait, elle aurait aimé rigoler avec des jeunes gens de son âge. Mais voilà ! Elle devait tenir son rang ! Elle rompit le silence.

- Je tourne en rond dans cette caserne… Je me compare souvent à un oiseau en cage… Et, je m'ennuie beaucoup même si ma condition peut vous paraître enviable… J'aurais besoin d'amis à qui parler. Nous ne sommes que trois femmes dans cette caserne et nous nous entendons mal… Différences d'origine ou d'éducation… Jalousies… Je ne comprends pas bien pourquoi ! Votre présence discrète m'est agréable, et je sais que vous avez un tas de choses à me raconter ! Je ne peux décemment pas vous inviter à boire le thé trois fois par semaine…

Elle en était maintenant aux confidences. Georges hésita… On lui tendait une perche. Une petite flamme s'alluma dans son esprit… Si la protection de cette femme lui permettait de couler les cinquante-trois jours qui restaient, à l'abri de nouvelles opérations délétères pour le contingent ? Il dit :

- Savez-vous que vos interrupteurs et prises de courant sont hors d'âge ? En faïence ! Vous vous rendez compte ? Je peux vous les changer progressivement, à raison d'un ou deux par semaine !

- Oui ! C'est ça ! C'est dangereux… Ces vieux fils électriques… Allez ! Vous les changerez ! Venez lundi après-midi… Mettez-le sur votre planning… Nous verrons bien…

19

Cependant, le service de santé s'agitait. Deux jours après les trois tirs d'obus spéciaux, les ambulanciers et brancardiers sous la férule d'un médecin-lieutenant et de deux sous-officiers – un adjudant-chef et un sergent-chef - avaient eu la terrible mission de débarrasser et d'enterrer tous les morts de l'A.N.L. de la montagne noire.

Deux sections de fantassins du neuvième régiment d'infanterie furent chargées de leur protection.

Quelques-uns osèrent raconter en le chuchotant à l'oreille d'auditeurs de hasard lors des repas « à l'ordinaire de la troupe » la terrible surprise qui les attendait quand ils arrivèrent au niveau des tranchées, des trous et des cavernes du sanctuaire de la montagne noire.

D'abord, le commandement les avait prévenus en leur affirmant que les maquisards étaient tous morts… Ils se méfiaient cependant et montèrent avec les précautions d'usage, de peur qu'un ou plusieurs survivants même à l'agonie, ne leur tirent dessus. Au fur et à mesure de leur ascension, ils furent étonnés par l'étrange silence qui régnait alentour. C'était un silence de mort. Pas même un animal nécrophage, ni un chacal, ni un vautour ne rôdait alentour.

Quand ils furent sur les lieux, la terrible surprise les frappa de plein fouet comme un coup de tonnerre suivi d'un éclair aveuglant en plein visage : Les combattants ennemis étaient tous morts, debout, accroupis ou à plat ventre, intacts, comme figés dans l'action qu'ils entreprenaient… dans un trépas qui leur parut instantané.

C'était incroyable… mais c'était la triste réalité.

Sans se poser de question, les pauvres bidasses du service de « santé » s'acquittèrent de leurs tâches, le plus vite possible avec dans le cœur des sentiments mêlés de honte, d'indignation et avec une sourde douleur logée au creux de leur estomac. Plusieurs vomirent, pleurèrent ou tombèrent malades… C'était trop dur à supporter, à encaisser pour des jeunes de vingt ans que rien n'avait préparé à jouer les croque-morts d'un épouvantable crime !

Ils s'acquittèrent d'autant plus vite de cette mission que des tranchées étaient creusées. Il suffisait de les remplir avec les corps de ces pauvres ennemis, et de jeter quelques pierres et graviers par-dessus.

Certains appelés revenus de leur désagréable surprise demandèrent des éclaircissements au médecin-lieutenant. Celui-ci fut très évasif :

- Je ne savais pas que de tels armes puissent exister… D'après mes constatations, je pense qu'il s'agit d'un gaz neurotoxique à effet instantané. Nous connaissons depuis longtemps le curare qui sert en anesthésie et qui paralysent les muscles respiratoires en quelques minutes. Je pense que les laboratoires ultrasecrets de l'armée ont mis au point un dérivé gazeux d'une telle molécule.

Ils rentrèrent harassés et aphones. On leur avait recommandé le silence absolu, le secret-défense sous peine du tribunal militaire. La plupart se turent, restèrent figés et muets emportant avec eux le terrible secret… Sauf quelques-uns qui ne purent le garder tant ils leur étaient impossible de surmonter seul, sans le confesser à celui qui voulait bien prêter une oreille complaisante au récit d'un crime aussi horrible…

Georges fut sans le vouloir une de ces oreilles attentives à la détresse d'un de ses semblables et le « bruit » courut aussi jusqu'aux oreilles de Niels pourtant éloigné de plusieurs kilomètres, à l'hôpital…

Chaque soir, avant de s'endormir, Georges pensait à ce terrible secret. Il se disait : « Non ! Ce n'est pas possible ! Mon pays, la France, n'a pas pu se comporter ainsi. C'est un bobard de plus que les trouffions se racontent à l'oreille pour démontrer l'absurdité de cette guerre… Mais, si c'était vrai… avec le napalm, avec la torture, les exécutions sommaires, les disparitions des combattants adverses tombés dans les griffes du DOP… Une paix honorable ne sera pas possible… Quand on fait la guerre de cette façon aussi horrible, sans respecter l'adversaire, sans laisser une petite fenêtre à une négociation digne, c'est la guerre à outrance et la défaite morale et diplomatique ne peut être que totale…

Ces pensées pessimistes laissaient un Georges insomniaque, hanté et découragé par une honte profonde…

20

La vie continuait à la caserne. Georges rénovait l'électricité une fois par semaine dans l'appartement du colonel. La dame dans son élan hebdomadaire de bienfaisance, s'était rendu la vielle à l'hôpital. Georges s'enquérait d'abord des dernières nouvelles de la santé de son ami Niels. Il se remettait peu à peu. Puis, il rénovait l'électricité. Vers seize heures, Marie-Emeline (le prénom de la dame) l'invitait pour un thé à la menthe accompagné de dattes dont la palmeraie de Biskra abondait. Ils discutaient de l'étrangeté de la vie, de l'inutilité des guerres et surtout de celle-là. Les genoux croisés dans une jupe droite foncée, le plus souvent noire, les cheveux relevés en chignon, elle montrait une grande curiosité à son égard. Georges ne se confiait pas facilement à ce personnage qui était d'un tout autre milieu que le sien. Toute sa hardiesse coutumière se paralysait. Pour l'encourager à faire une introspection de lui-même, elle raconta son enfance, sa pension aux jeunes filles de la Légion d'Honneur.

Son père avait suivi De Gaulle à Londres en 1940. Officier dans la deuxième D.B, il s'était illustré dans la campagne d'Afrique, puis de France, avait libéré Paris et, en route pour libérer Strasbourg, avait trouvé la mort dans un dernier combat dans les Vosges. Il avait été décoré de la légion d'honneur et de l'ordre national du mérite à titre posthume par le Général De Gaulle, lui-même.

C'est à ce titre qu'elle était entrée au collège de la légion d'honneur des Loges à Saint Germain-en-Laye, puis au lycée situé dans l'abbaye royale de Saint-Denis, attenante à la basilique et nécropole royale. Elle avait été élevée dans la rigueur et la discipline, toujours en uniforme, ne connaissant rien de la vie. C'est au bal de la légion d'honneur qu'elle rencontra un jeune homme qui sortait de

Saint-Cyr. L'année d'après il s'était déclaré et avait demandé sa main…

On aurait pu croire que sa situation était enviable. En réalité, elle se comparait à un oiseau en cage…

C'était un sentiment analogue qu'éprouvait Georges dans la caserne de Biskra. Ce rapprochement entre deux êtres cloitrés de la même manière, lui délia la langue. Il put lui parler de sa folle adolescence avec Niels, de leurs jeux, du foot ou du vélo, et des petites fiancées qu'ils embrassaient dans la nuit les soirs de fêtes, de la pleine liberté dont ils jouissaient jusqu'à ce qu'une trinité réunie en une autorité suprême – l'état, la république et l'armée – ne vienne y mettre un terme et fasse d'eux des soldats !

- Oui ! Des soldats ! Nous n'avions pas épuisé notre adolescence que nous nous sommes retrouvés dans les djebels avec un fusil dans les mains !

- J'adhère complètement à votre thèse ! De quel droit, enlève-t-on des gamins à leurs familles pour les emmener mourir au combat dans des guerres inutiles et perdues d'avance ! Savez-vous que je me dispute souvent avec le Colonel à ce propos ?

Georges était lancé… Il eut soudain confiance dans cette femme dont l'esprit lui parut ouvert à l'analyse et à la critique. Il reprit :

- Qu'est-ce qu'un soldat aux yeux de l'état, de la république ou de l'armée ? C'est moins qu'un esclave ! L'esclave, on le nourrit, on le loge, on prend soin de sa santé… On ne veut pas qu'il meure ! afin qu'il travaille ! Le soldat, on lui fait comprendre que sa vie ne vaut rien par les mauvais traitements, la discipline, les vexations et qu'il doit la donner, cette vie, au combat…

C'est seulement après avoir enrichi le charnier de l'Histoire qu'il a droit aux honneurs posthumes de la république…

21

Pour la première fois, Georges avait pu s'exprimer. De tels propos étaient interdits et quand un soldat avait le culot de les formuler, il était, comme par hasard, envoyé en première ligne, là où on défend sa vie à coup de rafales de mitraillette et où malheureusement, beaucoup l'ont perdue…

La nuit suivante, il eut un réveil angoissé. Et, si cette femme l'avait incité à parler pour lui tirer les vers de nez ? Il se rappela l'adjudant du deuxième bureau qui, au foyer, payait des bières aux bidasses et qui, quand ils avaient bien bu, disait à l'encan :

- Quand même à la C.G.T, Georges Séguy et les autres, tout ce qu'ils défendent… Tout ce qu'ils font, c'est bien !

Beaucoup se laissaient prendre et rajoutaient les revendications, la paix, l'indépendance de l'Algérie… tout ce qu'ils avaient sur le cœur, mais qu'il ne fallait jamais dire !

Comme par hasard, dans les jours suivants, ils se retrouvaient en première ligne… La mère-patrie ne blague pas avec les récalcitrants… Elle assainit ses rangs de cette perfide façon !

Non mais ! Alors !

Pouvait-il avoir confiance dans cette femme à l'apparence bon chic, bon genre, engoncée dans son rôle, à la limite un peu coincée, au style bien comme il faut… et aux propos paradoxalement très libres et même à l'envers du militarisme ambiant ? Piège ou sincérité ? Des bouffées d'angoisse lui montèrent à la tête. Son cœur battit à cent à l'heure ! Il pensa : « Quel con ! je me suis laissé piéger… Il suffit de deux jambes sagement croisées dans une jupe droite un peu courte… Et, tu avoues ton appartenance au clan pacifiste de l'indépendance immédiate de l'Algérie ! Quel con, tu fais ! »

Dans un second temps, il essaya de calmer ses angoisses… « Non, tu as tort de t'alarmer… Elle parait sincère et se cherche un ami avec qui elle peut parler librement ! Elle t'a emmené voir Niels à l'hôpital. C'est la preuve de sa générosité à ton égard. Non ! Elle est honnête et sincère. Je me fais des idées… De toute façon, j'aurai la réponse à ce questionnement dans quelques jours… A trente jours de la quille, ce serait dommage d'être envoyé au milieu d'un dangereux casse-pipe ! Mais, bien d'autres sont morts en étant libérables… »

Il eut la réponse deux jours après. A six heures du matin, un juteux-chef fit irruption dans la chambrée :

- Tout le monde debout, là-dedans… Opération ratissage de grande ampleur… Tout le monde ! En rang par trois dans la cour… d'ici une demi-heure ! Et, que ça saute !

Georges dans son pessimisme habituel, se disait déjà : « C'est pour aujourd'hui mon rancard avec la mort… Je suis foutu ! Je suis le lièvre qu'on va faire marcher en tête pour savoir s'il n'y a pas quelques fellouzes de planquer parmi les rochers ! »

L'adjudant-chef se tut, chercha dans ses papiers et ajouta :

- Sauf… Voyons voir… Sauf l'électricien… Un certain Georges T. qui a du boulot… chez madame le colonel !

Cette phrase fut ponctuée d'un murmure général dans la chambrée :

- Ouh, ouh ! Le planqué…

Pour Georges, ce fut un grand soulagement ! Sans manifester sa joie le moins du monde, il se dit : « Eh ! bien non ! C'est le contraire ! Elle a su me protéger ! Merci, merci, merci… » Et, il faillit pleurer de reconnaissance envers cette bonne fée qui s'était mise sur son chemin pour lui éviter à vingt-huit jours de la quille le rendez-vous de la dernière chance… »

Il se retrouva seul dans la chambrée. Il somnolait en se prélassant tandis qu'il entendait les sous-offs mettre la soldatesque en condition par le cinéma habituel :

- Garde-à-vous ! Fixe !

Quelques secondes s'écoulaient…

- Repos !

- En avant ! Marche ! Une, deux, une, deux !

Il souriait d'aise… Dire qu'il ne se sentait pas un peu lâche serait excessif ! Mais il se répétait l'adage qui circulait dans les casernes :

- Mieux vaut un lâche vivant qu'un héros mort !

Il n'en manquait pas de héros sur tout le territoire algérien cette année-là…

Quand il revint à la réalité, il pensa :

- Nous sommes vendredi. C'est le jour où je prends le thé avec « Madame la Marquise, » se dit-il en se moquant de lui-même… Hier, le jeudi, selon son habitude, elle a rendu visite aux blessés de l'hôpital. J'aurai des nouvelles de Niels.

Quand, il se pointa à quatorze heures, elle prenait le café avec la femme d'un capitaine.

- C'est l'électricien, lui dit-elle. Je vais lui ouvrir.

- Bonjour, Georges. Je suis avec une amie…

- Oui, ne vous occupez pas de moi. Je sais ce que j'ai à faire…

Il changea les interrupteurs du va-et-vient du couloir….

La femme du capitaine partit… Marie-Emeline s'approcha :

- En oubliant un instant que l'hôpital est submergé par les nombreux blessés, j'ai cependant une bonne nouvelle. Votre ami est complètement guéri. Le pansement lui a été enlevé. Il m'a montré son épaule. La cicatrice est belle, encore un peu rouge… et l'épaule retrouve peu à peu sa mobilité. Le médecin-commandant lui a signé sa permission de convalescence. Il est en route aujourd'hui pour Alger, direction la métropole…

- Alors, c'est fini pour lui la guerre d'Algérie…

- Oui, pour vous aussi ce sera bientôt fini, je crois. La quille est dans combien de jours ?

Elle sourit de son audace d'avoir pu emprunter un des termes habituels du langage « bidasse ». Elle eut l'impression de déroger, de s'encanailler… Mais c'était seulement pour se rapprocher de son confident…

- Vingt-huit, si tout se passe bien.

- Alors, je perdrai un ami… Mais j'en serai heureuse pour vous… Avez-vous une petite fiancée qui vous attend au village ?

- Non ! Mais je ne pense qu'à ça… Je me demande comment je vais me réadapter à la vie civile, si je pourrais me remettre facilement de cette guerre et de toutes ses atrocités… Je ferai comme les autres pour ne pas m'enfoncer dans une sinistrose malvenue… J'essaierai d'oublier… comme si ça n'avait jamais exister… Je ne me confierai pas, même à mes proches, pour ne pas me remémorer ce que j'ai vu et réveiller mes angoisses, mes douleurs et mes remords ! Surtout celui d'avoir… tué ! Je me demande si je pourrais retrouver les jeux innocents des gamins, le football et les balades sous les ombrages, les courses de bicyclettes avec les amis. Je crains parfois de ne pas pouvoir retrouver tous ces plaisirs futiles… qu'on me considère comme un vétéran, quelqu'un de cassé, à jamais traumatisé, devenu un donneur de leçons, un triste ou un sage… Je crains pour ces raisons de n'être plus admis dans le cercle des jeunes qui s'amusent… Quant aux filles, je ferai mon choix en fonction de ce que les autres m'auront laissé… Si elles veulent encore de moi… et dans ce cas, je n'ai pas de crainte à ce sujet !

- Pourtant, vous ne savez pas votre chance ! Vous avez la vie devant vous ! Et la liberté ! L'armée, la guerre, pour vous, c'est fini et bien fini !

Leur dernière entrevue arriva. Il rendait son paquetage le lendemain et comme il restait quelques places dans un avion en partance pour Alger, elle avait réussi à lui en faire bénéficier.

Un discret maquillage illuminait son visage. Ses lèvres fines avaient été soulignées. Du mascara sur les cils et un peu de bleu sur les paupières donnaient une lueur étrange et inhabituelle à son regard. Pour la première fois, il osa la regarder droit dans les yeux comme une amante potentielle. Elle soutint son regard et se jeta contre lui pour l'étreindre quelques instants. Elle l'embrassa sur les joues en lui disant :

- Vous me manquerez. Moi, aussi, j'aimerais, comme vous, être libérable. J'espère que cette guerre s'arrêtera bientôt et que nous pourrons regagner une caserne en métropole et que j'accéderai par là même à un peu de liberté… Peut-être pourrons-nous nous revoir un jour comme si c'était dans une autre vie ?

Georges était ému de sentir palpiter contre lui ce corps de trentenaire dans la plénitude de sa féminité et restait les bras ballants comme un nigaud… Il réussit à dire :

- Oui ! Et, je vous remercie pour tout ce que vous avez fait pour moi et mon ami Niels. Je n'oublierai jamais la bonne fée de Biskra…

Et, tout confus, il lui rendit ses baisers sur les joues en la serrant modestement contre lui.

22

Les deux gros moteurs à hélices du « noratlas » vrombissaient en bout de piste de la base de Biskra. Il s'élança sur l'asphalte et, lourdement chargé, décolla difficilement. La carlingue et les ailes tremblèrent… Georges eut l'impression qu'il allait heurter les monts du Zab qui élevaient leurs sommets à quelques kilomètres du bout du tarmac. Il eut un court instant l'appréhension que des résistants camouflés dans le maquis ne les dégomment à la mitrailleuse lourde. Mais, dans un dernier sursaut, le noratlas prit de l'altitude et les montagnes ne semblèrent plus aux passagers que de lointaines collines.

Le soulagement fut général. Les bidasses étaient tous alignés sur des sièges de toiles le long du fuselage. On reconnaissait les libérables à leurs sourires et à leur impatience tandis que beaucoup d'autres ne manifestaient que de vagues sentiments de lassitude. Ils allaient bien souvent consulter un spécialiste à l'hôpital militaire d'Alger.

Soulagé… Georges l'était ! De quitter la caserne, d'avoir rendu son F.M. Enfin, il était désarmé ! Il n'avait plus entre les mains cet engin de malheur dont l'unique objectif était de tuer !

Il pensait à « sa dame, » à sa protectrice, sa bonne fée. Elle lui avait prouvé qu'il pouvait avoir - tout comme avec Niels - une profonde confiance en elle... même s'il avait toujours conscience de leur grande différence. Elle lui avait dit : « Vous me manquerez » avouant ainsi son attachement. Peut-on vraiment être ami avec une femme de cette classe… Si distante mais si attirante ! Il était conscient que cette amitié était ambivalente… et comme il manquait d'expérience, comme il se sentait imparfait et maladroit devant ses manières exquises ! Il avouait qu'il avait envie d'elle, une envie latente dont il se méfiait. C'était un instinct naturel, largement compréhensif dans son cas, coupé du monde et des femmes depuis si longtemps… Mais ce désir grégaire rendait leur sentiment réciproque, étrange, équivoque comme s'il allait évoluer vers des liens plus profonds… Il ferma les yeux pour mieux revoir sa silhouette élancée, sa taille fine, ses formes oh ! combien féminines dans le contexte de ce salon douillet aux fauteuils de cuir… avec sous leurs pieds la douceur des tapis du Maghreb et sur les murs des tableaux évoquant une époque coloniale heureuse… et dépassée. Il se remémora son parfum qui l'enivrait tant, son visage ouvert que la bonté transcendait...

Il avait, en même temps, l'impression de jouer un jeu dangereux et excitant, tant il était séduit… avec la peur au fond de lui de ne plus pouvoir se contrôler…

S'il n'était pas parti, aurait-elle osé aller plus loin, le prendre comme amant ? C'était impossible ! De quel droit pouvait-il se permettre d'imaginer un seul instant un tel comportement ? Une femme de cette éducation ne déroge pas à ce point ! Et, dans ce cas vraiment improbable, il lui eut été impossible de refuser ! Dans quel pétrin, se serait-il mis ?

Soulagé… Il l'était de s'être éloigné de sa « dame », la fée qui avait jeté quelques fleurs sur son chemin parsemé de cadavres… l'étonnante femme du colonel du neuvième régiment d'infanterie qui essayait de panser les blessures physiques et psychologiques des bidasses blessés, handicapés, naufragés, tant elle était persuadée que c'était là son rôle et son devoir et par ce moyen, en se rendant utile, soignait aussi son spleen, son blues et sa solitude…

A Alger, le « Pasteur », navire de transport de troupes, était à quai. Les machines ronflaient déjà et une épaisse fumée noire s'échappait par ses deux cheminées dans un ciel clair et sans nuage.

Les bidasses tout excités s'engouffraient dans la cale comme du bétail humain. A leur cou pendait une quille plus ou moins grosse, achetée au bazar. La plupart étaient ivres et chantaient des chansons paillardes, réminiscences de pensions et de collèges…

Le navire s'éloigna du quai. Quand il sortit du port, il actionna sa sirène. Et ce fut un immense cri de joie dans la cale…

Le soir tomba. Une brise s'éleva créant un floc-floc obsédant le long de la coque. Beaucoup vomirent leurs quatre-heures et surtout leurs bières… Georges assommé par la promiscuité, le bruit des machines, les cris de ses compagnons et l'odeur pestilentielle eut quelques pensées moroses : « Voilà, tu as donné vingt-sept mois de ta jeunesse à la République et en récompense, elle te rapatrie dans la cale d'un navire, comme du bétail, sur un grabat qui pue… Qu'on ne vienne pas me dire que j'ai fait mon devoir. Tuer des combattants qui luttent pour la liberté de leur pays est infâme. » Pour lui, c'était assimilable à un crime ! « Tu n'as fait qu'obéir à un système dépourvu de bon sens pire qu'un esclave dans une plantation de canne à sucre dont le travail sert au moins à quelque chose. Il est temps que tu quittes cet état de servitude pour redevenir un citoyen ! »

Néanmoins, il réussit à s'endormir avec une petite lueur d'espoir dans la tête, celle de la liberté bientôt retrouvée…

Des camions militaires bâchés attendaient sur le quai du port de Marseille. Les soldats grimpaient au fur et à mesure de leur débarquement. Dès que le camion était complet, il partait vers la gare Saint-Charles.

Georges ne s'attarda pas. Il était impatient de revoir son village, sa mère et son père, Niels, tous les copains, et de quitter enfin l'uniforme… Il s'acheta un casse-croute (et une bière) et monta dans le premier train en partance pour Paris. Comme il était pressé de quitter son déguisement de trouffion ! Avec l'uniforme, les gens vous regardaient d'un drôle d'œil puis détournaient les yeux. Des anciens venaient vous taper sur l'épaule et vous raconter leur guerre. Chaque génération avait eu sa guerre. Ils rigolaient… pour eux, celle-ci n'était pas si terrible…

- Hein ? Par rapport à celle des tranchées ? Nous partions à cent, nous étions bien contents de revenir vivants… à cinquante…

- Et la mienne ? disait un autre. Prisonnier cinq ans en Allemagne sans rien bouffer à bosser dans une usine pour les boches avec les Anglais qui vous balançaient des bombes sur la gueule ! Et, vous vous plaignez ? La chance que vous avez, vous ne la savez pas ! Et en plus, vous voyagez ; vous voyez du pays !

Mais, le quolibet qu'il abhorrait le plus, était :

- Le service militaire ? C'était le bon temps ! Qu'est-ce qu'on a pu rigoler !

Georges hochait la tête en souriant poliment. Il n'avait plus la force de discuter. Pour lui toutes ces bêtises étaient finies. Il ne voulait plus en entendre parler. Il aurait voulu leur dire :

- Fichez-moi la paix avec vos guerres ! La mienne ne se raconte pas, tant c'est une honte !

Mais, il restait sans voix.

TROISIEME PARTIE

LE RETOUR AU PAYS

1

Quand il descendit du car à la nuit tombée, le soleil était couché depuis au moins trois heures. L'air était vif et humide. Une épaisse couche nuageuse assombrissait les rues. Tout lui parut différent. Chaque maison avec leur façade et leur portail avait un aspect plus réel. Pourtant presque rien n'avait changé. C'était bien son village, le lieu dont il rêvait quelquefois avant de s'endormir dans sa vie de déraciné. D'improbables flaques d'eau parsemaient le trottoir sur lequel il marchait d'un cœur neuf et alerte et d'un sourire conquérant.

Il arriva devant la maison de ses parents. Il n'osait plus dire chez lui. Les volets étaient clos. Aucune lumière ne filtrait par les interstices. Il pensa :

- Ils ne peuvent pas être déjà couchés !

Il consulta sa montre : « Dix heures ! »

Il frappa à la porte d'abord doucement, puis plus fort. Aucune réponse ! Alors, il tapa les lourds volets de bois de leur chambre. La lumière s'alluma enfin. Après quelques instants d'une attente qui lui parut longue, le volet s'entre-bailla et sa mère lui parla rudement comme à un étranger :

- Que voulez-vous, Monsieur ? Est-ce une heure pour déranger les gens ?

- Mais, maman ! C'est moi, ton fils Georges !

Elle ouvrit en grand le volet en écarquillant les yeux et revenant de sa méprise, elle dit :

- Mais, c'est Georges ! Mon fils, excuse-moi… Je ne t'ai pas reconnu dans la pénombre… Je ne t'attendais pas à cette heure !

Elle revêtit sa vieille robe de chambre et courut ouvrir la porte :

- Mon fils ! Je ne t'ai pas reconnu tellement tu as changé ! Comme tu es maigre et basané ! Et, cette barbe de deux jours ! Que t'ont-ils fait à l'armée ? On dirait que tu sors d'un camp de concentration… Ils ne t'ont pas nourri ?

Elle se précipita pour l'embrasser… Georges était si ému qu'il en avait les larmes aux yeux.

- Non… Tout va bien, maman… C'est le rapatriement ! Je suis vivant et en bonne santé… Le reste ira mieux dans quelques jours.

Il vit son père qui se tenait en retrait. Celui-ci l'examinait d'un œil averti. Il souriait, content de le revoir avec tous ses membres. Ils s'étreignirent longuement.

- Entre ! As-tu faim ?

Elle se précipita dans la cuisine et ouvrit le réfrigérateur.

- J'ai un reste de pot-au-feu avec des légumes…

- Nous verrons ça demain…

- Allez ! Assieds-toi… Je te le réchauffe ! Tu dois mourir de faim !

Il reprit sa place à la table familiale... Il jeta un regard neuf tout autour de lui pendant que son père lui coupait une tranche de pain. Rien n'avait changé. C'était le cocon familial qui lui avait tant manqué avec la même chaleur, les mêmes sentiments d'amour filiaux qui les attachaient entre eux et qui n'avaient pas besoin de grandes démonstrations pour s'exprimer tant ils étaient profonds et naturels…

Il les regardait. Ils n'avaient pas vieilli et se tenaient droits et alertes. Leurs regards exprimaient toute leur tendresse et leur soulagement de le retrouver avec ses quatre membres… Passé l'instant de surprise, ils restaient muets, n'osant exprimer leurs sentiments… C'est le père qui débloqua le silence :

- Et, alors, raconte…

- Nous parlerons de tout ça demain, si tu veux bien… Pour l'heure, je suis abruti par les deux jours de transit et si heureux de vous retrouver !

- Oui ! Tu as raison… Nous avons toute la vie pour raconter nos guerres ! Celle de 39-40 m'est aussi restée sur l'estomac… Alors je te comprends !

Il dégusta en silence le pot-au-feu accompagné des légumes du jardin et des bonnes patates dont il avait oublié jusqu'au goût extraordinaire. Il pensait : « Je n'ai pas envie de vous raconter mon calvaire et l'enfer de cette guerre. Je m'en suis sorti sans trop de mal grâce à la solide amitié de Niels, à la bonté, la générosité d'une femme à l'improbable prénom très certainement puisé dans des livres anciens et à l'espoir de revoir un jour mon village et mes parents : ma mère, mon père et mon frère…

- Et Jean Paul ? fit-il entre deux bouchées.

- Il travaille toujours à la RATP et s'est trouvé une piaule à Paris… Il est très amoureux d'une femme, une Parisienne qu'il compte épouser bientôt.

- Bravo ! Je suis content pour lui…

2

Il retrouva son lit dans la grande chambre du premier étage, celle qu'il partageait avec son frère. Il s'endormit tout de suite d'un sommeil lourd. Il se réveilla en sursaut vers trois heures du matin à cause de son habituel et terrible cauchemar, le même qu'à la caserne : Il était prisonnier des fellouzes et un bourreau aiguisait son coupe-coupe en lui demandant : « Les couilles ou la gorge ? »

Il s'assit dans son lit et pour s'assurer qu'il était revenu dans sa chambre d'enfant, alluma et regarda autour de lui les meubles, la bibliothèque chargée des livres qu'il aimait et aussi les bibelots posés sur la table qui lui avait servi jadis de bureau.

- Ouf ! se dit-il. Je suis bien chez moi, dans ma chambre ! J'aimerais ne plus faire ce genre de cauchemar… Tout ceci est fini et bien fini !

Il put se rendormir et se réveilla tard dans la matinée. Il avait tant de sommeil en retard… Pourtant, il était impatient de faire le tour du village sur sa bicyclette et surtout d'aller retrouver Niels.

Il chercha dans son armoire ses habits civils. Quel fut son plaisir de revêtir son jean préféré, sa chemise et son pull qui le seyaient au plus près de son corps d'autant plus svelte qu'il avait abandonné au moins cinq kilos dans les djebels !

Sa mère l'attendait avec le petit-déjeuner classique et pourtant pour lui, le plus royal : Café au lait (de la ferme) et tartines beurrées, avec le bon pain du boulanger dont il n'avait jamais oublié la saveur campagnarde…

Le vélo de son adolescence n'avait pas changé de place dans la remise. Il le décrocha, le dépoussiéra, regonfla les pneus, vérifia son bon fonctionnement. Il voulut s'assurer que son village n'avait pas changé. Il en fit le tour comme un vainqueur, essaya sa pointe de vitesse et, à son grand étonnement, n'éprouva aucune griserie. Ce plaisir lui parut dépassé comme un jeu de gamin. La bicyclette ne serait-elle devenue qu'un moyen de locomotion ordinaire ? Dans ce cas, dès qu'il aura un peu d'argent, il se paiera un scooter ou même une petite voiture !

Niels habitait un hameau situé à deux kilomètres du bourg. Une descente de faible pourcentage était propice à une nouvelle pointe de vitesse. Il enclencha le grand développement et arc-bouté au guidon essaya de nouveau son sprint… C'était mieux mais décevant… Cependant, il était déjà arrivé et dut freiner pour ne pas dépasser son but.

Comme avant, il passa par le portail situé sur le côté, le vélo à la main. Il l'appuya contre le mur. Un chien aboya, le reconnut et vint lui lécher la main en remuant la queue. Ce chien de chasse aimait manifester sa sympathie aux amis de la famille.

La mère de Niels sortit dans la cour.

- Georges ! Tu es enfin revenu !

Elle l'examina, puis le serra dans ses bras.

- Et, tu ramènes tes quatre membres ! Nous avons eu si peur quand nous avons appris la blessure de Niels. Il va être content de te voir ! Il a si bien récupéré que son père lui a ordonné de bêcher le jardin.

Georges poussa la petite porte du potager. Niels ne le vit pas parce qu'il lui tournait le dos. Pelletée après pelletée, il s'afférait le mieux possible. Georges l'appela :

- Niels !

Celui-ci laissa tomber sa bêche et se précipita à sa rencontre :

- Depuis hier, j'avais la prémonition que tu étais en route et que tu approchais… J'arrête tout ! Viens, on va se faire servir un café à la cuisine.

Ils se prirent par le cou… C'était la fête. Ils se retrouvaient entiers, chez eux, au milieu des leurs. La vie allait reprendre son cours et l'avenir se bâtir ! Ils avaient envie de chanter, de clamer leur joie à la face du monde !

- Ton père t'a déjà remis au boulot !

- Tu sais, avec lui, il ne connait qu'une devise : « L'oisiveté est la mère de tous les vices. » Pourtant, je suis allé voir mon patron et je recommence le premier du mois prochain comme ouvrier électricien dans sa boite !

Quand elle les vit s'asseoir autour de la table, la mère sortit deux tasses sans rien demander et avec douceur, complaisance et une docilité toute féminine, servit le café qui attendait dans une cafetière au bout de la cuisinière en fonte. Elle s'éclipsa ensuite pour mieux les laisser à leur conversation.

Niels n'y alla pas par quatre chemins :

- Nous avons connu le pire qu'il puisse arriver à notre génération : La guerre, ses souffrances et ses atrocités. Maintenant, il nous reste le meilleur… Aussi, j'ai un service à te demander… Tu le sais déjà… Je t'en ai tant parlé. Le moment est venu… Il ne faut pas tarder : Aller voir Laurence, le grand amour de ma vie… C'est de la plus haute importance pour moi. Tu parleras avec elle et tu tâteras le terrain….

- Si tu penses que c'est mieux pour toi, je le ferais dès que possible… avec plaisir… et diplomatie.

- Oui ! Je crains trop d'essuyer un nouveau refus… Ce serait comme prendre une balle en plein cœur…

- Faut pas exagérer !

- Non, vraiment ! Et, bonne nouvelle, elle est libre… Connaissant Laurence, elle ne le restera pas longtemps… J'ai fait mon enquête en allant boire un verre au café du commerce. Les mauvais bougres en rigolent toujours ! Car, voilà sa situation. Elle habite seule avec sa petite fille de deux ans dans la rue « Monte-à-regrets. » L'usine dans laquelle elle était secrétaire et la maîtresse du patron, a fait faillite. Laurence qui était si fière de son statut, s'est retrouvée du jour au lendemain sans rien. Son patron avait fui avec sa femme et ses enfants dans sa belle Buick pendant la nuit. Plus de boulot ! Plus d'amant ! Elle n'a gardé qu'un souvenir de son « ex » : une petite fille qu'elle élève seule. Nous connaissons la vitalité, la résilience de cette femme. Elle est devenue rapidement secrétaire chez le notaire… Elle quitte à six heures, passe chercher sa fille chez sa mère et rentre chez elle vers six heures et demie…

- Bon, je vois… Il faut agir maintenant, avec doigté, mais sans précipitation…

- Voilà tous les renseignements que j'ai réussi à glaner ! Alors pour toi, c'est facile… Tu n'auras pas la voix qui trembles ! Tu te pointes comme tu peux, et c'est à toi de jouer… Après les courtoisies d'usage, tu lui passes le message que je pense toujours à elle !

- Ne t'en fais pas ! Je vais t'arranger l'affaire ! Compte sur moi… et sur ma loyauté !

- Bien ! On arrose ça au café du commerce…

- On boit une dernière bière et on fume la dernière cigarette !

- D'accord… On ne garde rien de notre passé de trouffions. Nous avons déjà rendu le F.M, quitté la caserne, quitté l'uniforme… Il ne nous reste plus qu'à laisser nos sales habitudes de bidasses !

3

Georges voulut s'acquitter de sa mission au plus vite. Le lendemain, il repéra facilement le domicile de la belle : une simple maison basse en briques rouges, entourée d'un jardinet. On y accédait en montant trois marches.

Pour lui rien de plus facile… Puisque Laurence rentrait de son travail vers dix-huit heures trente, il se pointera à ce moment-là et sonnera à sa porte.

Nous étions début novembre. Il faisait un temps doux et humide. La nuit était tombée depuis environ une heure. Deux lampadaires perçaient le fin brouillard de sa lumière blafarde. Il monta cette rue déserte d'un pas nonchalant, passa devant la maison et constata qu'il n'y avait aucun signe de vie, pas la moindre lumière.

- Il est un peu tôt… Elle n'est pas encore rentrée, se dit-il.

Soudain, il vit tourner au coin de la rue, tout en haut, une silhouette élancée, trottant sur des haut-talons. Une petite fille marchait à son côté. Elles se tenaient par la main et semblaient bavarder avec animation. Le cœur de Georges battit. C'était elle. D'emblée, il avait reconnu cet allant, cette légèreté, cet enthousiasme. Il ralentit puis s'arrêta quand ils arrivèrent à sa hauteur, un large sourire aux lèvres… C'est Laurence qui la première, trouva les mots justes :

- Mais… Qui vois-je ?

Elle hésita un instant :

- C'est Georges ! Tu as été enfin libéré de tes obligations militaires ?

- Oui ! Je suis arrivé hier !

- Viens ! J'habite un peu plus bas ! Nous allons bavarder un moment…

La petite fille le regardait avec de grands yeux :

- Tu le connais, maman, ce monsieur ?

- Ce n'est pas un monsieur, c'est Georges un ami d'enfance, un copain si tu veux !

Elle poursuivit :

- Heureusement que tu m'as regardée avec insistance, sinon, je serais passée à côté de toi, sans te reconnaitre. Comme tu as changé et mûri ! Avec ce visage buriné, le gamin d'antan est devenu un homme ! Tu donneras confiance à bien des jeunes filles !

Un merveilleux sourire éclaira son visage. Les yeux noisette étincelèrent. D'un charmant mouvement de la tête et du cou, elle remit sa longue chevelure brune en place et passa devant lui pour ouvrir la porte.

- Entre et mets-toi à l'aise ! dit-elle d'une voix aimable.

Elle enleva son manteau dans un geste qui ne manquait pas d'attrait, l'accrocha à une patère près de l'entrée. Georges se retrouva d'emblée dans la cuisine. Son regard ne s'attarda pas sur la décoration de l'intérieur tant il était subjugué par le sex-appeal de son hôtesse. Il demeurait muet devant tant de finesse et d'élégance. Ses jambes gainées dans des bas de couleur chair, étaient fines et fuselées. Sa jupe droite laissait deviner des genoux parfaits. Une taille svelte mettait en évidence des rondeurs à faire damner un saint… Quant au corsage blanc, classique des secrétaires de cette époque, il méritait le détour, au moins du regard. Elle comprit sa surprise et lui dit :

- Ne reste pas planté là, assieds-toi ! en lui désignant une chaise.

Elle lui sourit de nouveau et Georges entrevit dans son visage régulier, plein de compréhension et de bonté.

- Boiras-tu un thé avec moi, dit-elle. Je n'ai pas de bière à t'offrir…

- Un thé m'ira très bien. Nous nous sommes jurés, avec Niels, de ne plus jamais boire de cet infâme breuvage qui nous a tant abreuvé quand la soif nous tenaillait sous le soleil des djebels… Désormais, les soudards sont revenus à la douceur de la vie civile, plaisanta-t-il.

Elle servit le thé avec délicatesse et l'accompagna de petit-beurre. Quand elle se pencha, il entrevit par l'échancrure de son corsage, la magnifique vallée qui séparait deux somptueuses collines de chair blanche… Elle était réellement envoûtante.

Cependant, le moment était venu de ne pas oublier sa délicate mission… C'est elle qui rompit le silence.

- Comment s'est passé ton séjour en Algérie ?

- Dur ! Tu sais… C'est le moins qu'on puisse dire… Heureusement atténuée par la présence de Niels et de notre grande amitié. Nous étions tous les deux fâchés ! Te rappelles-tu ? Mais, quand nous nous sommes vus le premier jour de notre incorporation dans la cour de la caserne à Valenciennes, désemparés, paumés, il faut le dire, en attendant notre paquetage, nous sommes tombés dans les bras l'un de l'autre et nous ne nous sommes plus quittés, sauf en dernier, quand Niels a été blessé…

- Comment va-t-il ?

- Il est complètement guéri… Aucune séquelle ! Grâce à lui, j'ai souvent été un planqué ! L'intendance le sollicitait pour entretenir et réparer l'électricité des différentes casernes où nous avons séjourné. Il a toujours exigé d'avoir un aide… Moi, en particulier. Grâce à l'électricité, nous avons souvent bénéficié de cette échappatoire tandis que les autres ratissaient les djebels… Je lui dois une fière chandelle en plus de mon initiation à ce métier, qui me sera désormais utile dans la vie civile !

Il se tut, dégusta un petit-beurre, but une gorgée de thé. Il cherchait les mots adéquats pour s'acquitter au mieux de sa délicate mission tandis qu'elle le regardait, intriguée, un fin sourire aux lèvres, et dans son regard une interrogation impatiente, mais confiante.

- Que va-t-il m'annoncer ? Je sens que ma vie va s'en trouver bouleversée, se disait-elle.

Il se racla la gorge :

- Quand nous étions de garde sur un piton rocheux au-dessus d'une route stratégique, nous bavardions dans le silence de la nuit et il m'a souvent parlé de toi ; il me confiait : « Laurence est la femme de ma vie… Je n'en connais pas de plus charmante, de plus parfaite… Quand je serai libéré, j'irai la voir pour lui demander sa main ! »

- Oui, je me souviens qu'il a tout fait pour me rencontrer… Je le considérais comme un gamin… sans avenir… Les choses ont changé… C'était un joli garçon au visage régulier avec une abondante chevelure bouclée… J'espère qu'il ne s'est pas trop dégarni. Comme j'aimerai le revoir !

- Rien de plus facile… Je lui dirai ! Quand peut-il venir te voir ?

- Demain ! Pourquoi pas demain ? Je rentre toujours vers dix-huit heures trente ! Je suis impatiente de le revoir !

4

Georges laissa Laurence s'occuper de sa petite fille. Il s'esquiva assez vite. Il était ravi pour son ami et pressé de lui annoncer la nouvelle !

- Oui, sa persévérance, sa foi en sa bonne étoile ont payé. Il a gagné !

Cette femme était vraiment envoûtante. Il lui avait fallu tout le courage, la force que lui donnait sa solide amitié envers Niels pour résister à l'attirance presque irrésistible de Laurence. C'était presque la même sensation qu'il avait éprouvée avec Marie-Emeline. Dans ce cas le garde-fou avait été la distance de classe et sûrement la peur (du mari, le colonel) alors qu'aujourd'hui, la barrière infranchissable avait été la solide amitié qui le liait à Niels…

Il faisait nuit, mais il était encore tôt. Il passa prendre sa bicyclette et pédala dans le noir avec pour seul éclairage la lueur que lui donnait la dynamo frottant sur la roue arrière.

Il frappa aux volets de la salle à manger. Niels lui ouvrit… Il lui dit sur un ton de triomphe :

- Niels c'est O.K ! Tu as rendez-vous avec Laurence demain soir.

Niels dans sa joie, sauta par la fenêtre. Il embrassa Niels :

- Alors, c'est vrai ! Tu as pu la voir et lui parler !

- Rien de plus facile ! Elle m'a invité à entrer dans sa maison et m'a même offert du thé, très aimable. Tu as toutes tes chances car elle m'a dit que tu étais un beau garçon en qui on pouvait avoir confiance ! Elle a une petite fille, très gentille qui me regardait avec de grands yeux étonnés. A toi de jouer… Demain… dix-huit heures trente… Chez ta belle !

- Bravo ! Je ne te remercierai jamais assez… Tu es et tu as toujours été mon seul vrai ami !

L'entrevue du lendemain se passa si bien que Niels passa sa première nuit avec la femme de sa vie…

La petite fille, quelques jours après, dit de sa petites voix innocente, ces mots heureux :

- A la maternelle, j'étais la seule petite fille à n'avoir pas de papa… Merci maman de l'avoir retrouvé… mon papa !

Désormais, chaque soir, la petite fille regardait une émission à la télévision sur les genoux de son « papa. » Cette émission « Gros Nounours » invitait les jeunes enfants à aller dormir. A la fin, Niels lui donnait un baiser et elle courait toute joyeuse vers son lit. Laurence la couchait et, après lui avoir murmurer quelques mots apaisants, éteignait la lumière.

Niels et Laurence se marièrent quelques mois après. Il reconnut la petite fille comme sa propre fille.

Georges fut bien sûr leur témoin ainsi que la sœur de Laurence. Il était comblé et heureux de voir se réaliser le rêve de son ami Niels, même s'il savait qu'ils s'éloigneraient peu à peu l'un de l'autre. Il devait en être ainsi, et ils n'oublièrent jamais leur solide amitié qui les lia dans la période la plus difficile de leur vie.

Dès lors, Georges comprit qu'il était nécessaire qu'il trouve aussi dans un avenir proche une âme sœur, une femme capable de le rendre heureux…

EPILOGUE

De l'eau a coulé sous le pont Mirabeau comme sous tous les autres ponts de la vie. Georges est maintenant retraité. Il a fait une belle carrière d'enseignant, instituteur dans un bourg avec sa femme. Ils ont eu deux enfants.

Il réfléchit. Il aimerait bien comprendre pourquoi la France – le pays des lumières - s'est fourvoyée dans sept années de guerre coloniale… et s'est déshonorée en ne respectant pas les droits de l'Homme qu'elle était pourtant fière d'avoir proclamée au monde… ni même les conventions de Genève sur la guerre ! Cette France qui a l'impudence de donner des leçons de démocratie et de respect des droits humains aux trois-quarts des autres pays de la planète…

Il ne comprend pas… il ne comprendra jamais l'aveuglement, le manque de discernement des dirigeants successifs de la quatrième puis de la cinquième république.

- Reprenons, voyons le contexte, se dit-il.

Les historiens sont d'accord pour dater le commencement des hostilités à la toussaint (premier novembre) 1954. Nous étions en pleine décolonisation. Après la reddition du camp de Dien Bien Phu (sept mai 1954) et la paix de Genève consacrant l'indépendance de l'Indochine, le Maroc et la Tunisie s'étaient aussi délivrées de leur tutelle coloniale.

La logique ou le simple bon sens aurait été que l'Algérie accède à l'indépendance dans la foulée, s'agissant d'une métropole comme la France qui portait au summum le droit des peuples à disposer d'eux-mêmes.

L'espoir d'un règlement rapide du conflit se profila quand le parti socialiste SFIO de Guy Mollet, leader d'un front républicain, gagna les élections législatives du deux janvier 1956 avec comme programme l'apaisement et des négociations avec les belligérants. Lors d'un meeting électoral, Guy Mollet entouré des autres leaders (Pierre Mendès-France, François Mitterrand, René Lacoste) avait même qualifié la guerre d'Algérie « d'imbécile et sans issue. » En votant pour le Front Républicain, les Français dans leur majorité, exprimaient leur désir d'en finir avec le colonialisme et la guerre en Algérie.

Bousculé par les manifestations des « Européens » à Alger, le gouvernement « Guy Mollet » fait le contraire. Il fait voter par la chambre des « pouvoirs spéciaux » pour maintenir l'ordre. Quatre cent cinquante-cinq députés les votent parmi lesquelles la gauche socialiste et même les communistes, pourtant partisans officiels de l'indépendance de l'Algérie.

Ces pouvoirs spéciaux ont permis toutes les atrocités que l'on connait : Arrestations arbitraires, tortures, exécutions sans jugement, déplacements de populations. Ils restèrent en vigueur jusqu'au cessez-le-feu du dix-neuf mars 1962, c'est-à-dire que tous les gouvernements successifs se sont bien gardés de les abroger…

Georges, le féru d'histoire qu'il était devenu depuis qu'il enseignait, ne put s'empêcher de rapprocher cette loi aux pleins pouvoirs accordés à Hitler par le Maréchal Von Hindenburg en 1933 juste après l'incendie du Reichstag. Ces pleins pouvoirs confirmés ensuite par la chambre des députés le vingt-trois mars 1933 par l'hypocrite loi dite « de réparation et de détresse du peuple et du Reich », permettaient à la gestapo d'arrêter, torturer, déplacer, enfermer, assassiner quiconque s'opposait aux velléités hégémoniques du Reich et des nazis. Ils restèrent en vigueur jusqu'au huit mai 1945.

Georges ne comprit jamais que quelques jours après l'anniversaire de ses dix-neuf ans, on attente à ce point à sa liberté. Il reçut par la poste un courrier qui l'obligeait à aller dans un pays qu'il ne connaissait pas, d'une autre civilisation pour mettre au pas, quitte à les tuer, des hommes qui luttaient pour leur liberté ! Jusque-là il se sentait libre, ne pensait qu'à s'amuser, regardait les filles avec plein de projets et d'envies. Il n'était qu'un gamin, un mineur, même pas un citoyen puisque la majorité n'était qu'à vingt et un ans à cette époque… Par cet ordre, il devenait un soldat, tombait dans une complète servitude, une sorte d'esclave, bon pour tuer, bon pour mourir, complice d'un état qui se comportait en Algérie comme l'Allemagne nazie s'était comportée en France et ailleurs pendant la seconde guerre mondiale.

Lui qui, avant, était doux comme un agneau, qui n'aurait pas fait de mal à une mouche, qui respectait la vie plus que tout, celles des hommes, des femmes, des animaux, était devenu contre son gré un tueur. Combien d'assaillants avait-il tué quand fou de rage il avait appuyé sur la gâchette de son F.M ? Huit ? Dix ? Des malheureux qu'on avait certainement obligés à donner l'assaut en leur faisant croire des sornettes : Qu'ils étaient invulnérables, qu'ils allaient mourir pour une noble cause comme l'indépendance de leur pays ? Savaient-ils que même sans leur sacrifice, l'Algérie deviendrait indépendante… parce que c'était le vent ou le sens de l'histoire ?

Georges portait dans son cœur ce remord obsessionnel qui hantait ses nuits… Il avait tout fait pour l'oublier, ne s'était jamais confié à personne, même pas à sa mère, ni à sa femme… ni à Niels, son ami de toujours qui avait perdu connaissance pendant que, fou de rage, il vidait un, deux, trois chargeurs sur les assaillants…

Le seul espace de liberté qu'ils avaient eu constamment avec Niels durant cette période honnie, était ce sentiment de mépris qu'ils éprouvaient pour la politique algérienne de leur pays, la France, de ses gouvernements successifs et de son armée… mépris qu'il ne fallait surtout pas exprimer…

Il soupira et écrivit :

« Voilà… J'ai fini… Je voulais confier à la postérité, en plus de cette belle histoire d'amour et d'amitié, ce qui m'est resté sur le cœur… de mes souvenirs d'Algérie… »

APPENDICE

Après la première guerre mondiale et les dégâts causés par les gaz sur la santé et la vie des combattants, l'ensemble des nations « civilisées » se réunirent pour empêcher leurs emplois pendant les conflits.

Le protocole de Genève qui consacrait l'interdiction de l'emploi des armes chimiques et bactériologiques, des gaz asphyxiants ou toxiques, fut signé le dix-sept juin 1925 sous l'auspice de la Société Des Nation (SDN). L'ensemble des nations composant la SDN, la signèrent dont la France et l'Allemagne.

Les belligérants de la seconde guerre mondiale respectèrent cet accord.

Plusieurs conventions de Genève établirent des règles concernant les blessés, malades ou naufragés dans les forces armées en campagne ainsi que pour les prisonniers de guerre.

La convention de 1949 sous l'égide de l'ONU est très claire notamment pour ceux-ci. En voici la définition : « Un prisonnier de guerre est un combattant qui a été capturé qu'il fasse partie de l'armée ennemie ou qu'il soit un résistant. »

« Les nations ont le devoir de traiter humainement leurs prisonniers que ce soit pour l'hygiène ou pour la nourriture. La torture comme les moyens de pressions physiques ou psychologiques sont strictement interdits. »

Pour conclure, Georges reprit les termes de Guy Mollet : « la guerre d'Algérie est imbécile et sans issue. » Cependant, on la fit pendant sept ans ! Il ajouta : « Elle est aussi honteuse et déshonorante pour le pays qui a proclamé au monde les Droits de l'Homme… Et qui n'a même pas respecter les conventions de Genève sous le prétexte fallacieux qu'il s'agissait de simples maintiens de l'ordre et que les combattants adverses étaient des terroristes… Ce pays est le mien, il s'appelle la France ! Par ses actes innommables pendant la guerre d'Algérie, la France s'est hissée (moralement) au même niveau que l'Allemagne nazie. »

Du même auteur sur Amazon :

L'ILLUSION D'UN REVE (Roman)

CONFIDENCES ET CONFESSIONS D'UNE FEMME (Roman)

MON MOIS DE MAI 68 (Roman)

« Mon mois de mai 68 » a été traduit en Anglais par Elizabeth Workman sous le titre : MY STORY OF MAY 68.

CRIME SANS CHATIMENT (Roman)

PRISONNIER (Roman)

LES ETRANGES CRIMES DU PLATEAU DE LA VIADENE (Roman)

LA DROLE DE VIE D'ANDRE RIGAL, DIT « DEDE » (Roman)

LA VIE CACHEE DE « Dédé » (Roman)

L'APPRENTISSAGE DE STEVE (Roman)

L'ALLEMAND QUI AURAIT VOULU ETRE FRANÇAIS (Roman)

COMMENT RESTER EN BONNE SANTE (Précis de médecine préventive)
COMMENT BIEN S'ALIMENTER (Précis de diététique)
(Précis de diététique)

POEMES ET CHANSONS Tome 1

POEMES ET CHANSONS Tome 2

POEMES ET CHANSONS Tome 3

Retrouvez les poèmes et chansons de l'auteur sur toute les plateformes musicales : YOU TUBE, AMAZON MUSIC, ITUNES, DEEZER, SPOTIFY, TIK TOK, etc. / Gilbert Trichet

Printed in Great Britain
by Amazon

75715568R00119